[美] 辛西娅·斯奈德·迪奥尼西奥
(Cynthia Snyder Dionisio) 著
薛蓓燕 骆庆中 译 骆庆中 审校

活用PMBOK®指南

项目管理实战技术

A Project Manager's Book of Tools and Techniques

A Companion to the PMBOK® Guide (Sixth Edition)

電子工業出版社
Publishing House of Electronics Industry
北京·BEIJING

Cynthia Snyder Dionisio : A Project Manager's Book of Tools and Techniques: A Companion to the PMBOK® Guide (Sixth Edition)
ISBN: 978-1-119-42396-6

版权贸易合同登记号 图字：01-2018-3988

图书在版编目（CIP）数据

活用 PMBOK 指南：项目管理实战技术 /（美）辛西娅 • 斯奈德 • 迪奥尼西奥著；薛蓓燕，骆庆中译. —北京：电子工业出版社，2018.9
书名原文：A Project Manager's Book of Tools And Techniques: A Companion to the PMBOK Guide (Sixth Edition)
ISBN 978-7-121-34948-5

Ⅰ. ①活… Ⅱ. ①辛… ②薛… ③骆… Ⅲ. ①项目管理—指南 Ⅳ. ①F224.5-62

中国版本图书馆 CIP 数据核字(2018)第 199052 号

责任编辑：刘露明
印　　刷：北京盛通印刷股份有限公司
装　　订：北京盛通印刷股份有限公司
出版发行：电子工业出版社
　　　　　北京市海淀区万寿路 173 信箱　邮编：100036
开　　本：880×1230　1/16　印张：12　字数：327 千字
版　　次：2018 年 9 月第 1 版
印　　次：2019 年 5 月第 2 次印刷
定　　价：59.00 元

凡所购买电子工业出版社图书有缺损问题，请向购买书店调换。若书店售缺，请与本社发行部联系，联系及邮购电话：（010）88254888，88258888。
质量投诉请发邮件至 zlts@phei.com.cn，盗版侵权举报请发邮件至 dbqq@phei.com.cn。
本书咨询联系方式：（010）88254199，sjb@phei.com.cn。

译者序

无论是高层管理人员还是项目经理，他们的工作都是帮助组织提升相关方的价值。良好的项目管理实践一直都是企业取得优质业务成果的关键推动因素，也是管理变革和推动竞争优势的唯一的组织能力。

几十年来，《项目管理知识体系指南》（PMBOK®指南）已成为项目管理的权威标准和项目经理的必备资料，引领着人们卓越管理项目，也成为PMP®考试最权威的指定参考书。

由于《项目管理知识体系指南》是一本标准（指南），可读性不是很强，加之书中只有项目管理各个过程的工具和技术的介绍，而没有如何使用这些工具和技术的例子和场景，这就阻碍了这本经典在项目管理实战中的有效运用。

尽管市面上已有一些实战工具类的书籍，但里面也往往只是一些模板和表格，没有所处的场景和具体的用法，实用效果还是有些不尽如人意。

辛西娅女士的新作《活用PMBOK®指南：项目管理实战技术》恰好弥补了这一缺憾。作为《项目管理知识体系指南》（第6版）的配套手册，书中介绍的每个技术和工具都配备了一个如何应用该技术和工具的案例。仅提供一个可以让所有技术和工具都能应用的案例是不现实的，因此，作者设计了8种不同的项目场景，使得不同的项目能分别使用这些技术和工具。

通过本书的学习，《项目管理知识体系指南》（第6版）中所描述的项目管理工具和技术再也不那么的枯燥和难懂了。这是一本项目经理的工具宝典，也是一本有助于PMP®考生加深理解各种技术和工具的实用教材。

祝愿本书能有助于各位读者的学习和工作，正如作者所说的，项目都能取得CPI 1.0的好绩效。

骆庆中，PMP®

译者简介

骆庆中

PMI（中国）《项目管理世界》编委会副主任，华东理工大学兼职教授，PMI《进度管理实践标准》（第2版）和《项目风险管理实践标准》统稿者和合译者，著名和 PMP®专业培训师。

骆老师长期从事项目管理的教学与咨询工作，为各类企事业单位培养了大批项目管理专业人才。在2015年 PMI 全球平台举办的“PMI 认证人士感言征集”中，骆老师的关于轨道交通项目管理实战的感言被大会录用，为中国项目管理的实践做出了贡献。

薛蓓燕

上海交通大学软件工程硕士、华东理工大学科技英语学士。先后在东方海外、上海惠普等从事项目管理工作，在物流、ERP、互联网、车联网、人力资源等项目中加深对 PMI 理论体系的理解。是 PMI《项目风险管理实践标准》的合译者、《项目进度管理实践标准》（第2版）的主译者，还为《项目管理世界》进行过多次翻译。

致　谢

写作本书是一段奇妙的经历。我在项目管理领域工作了很长一段时间，但是我仍然需要对其中的一些工具和技术进行研究。总有新的东西要学，这感觉太棒了！

我很幸运，有 Richard Avery 作为我的技术编辑。他的投入使本书更容易接近成功，他的技术和个人交往能力是最好的。Richard，我感谢你的反馈，更重要的是，感谢你的友谊。

我对项目管理的热情在我和我的团队成员投入《项目管理知识体系指南》（第 6 版）工作时得到提高。我的副主席 David Hillson，帮助我完成了本书中的很多定量风险技术。之前我将我的观点表达给了他们，因此如果出现任何错误，那么问题在我，而不在 David。

Lakland Brown 和 Guy Schleffer 帮助我设计了敏捷表单。他们都精通传统世界和敏捷世界。可爱的 Lynda Bourne 是所有与相关方相关的事件联系人，我一直感谢她慷慨的投入和支持。

Mercedes, Alejandro, Pan, Gwen, Mike, Kristin 和 Roberta，在我写作时，你们的声音总是在我的脑海中回荡。感谢你们在修订《项目管理知识体系指南》（第 6 版）时的出色表现。

我还非常感谢我丈夫的支持、友情和爱，你让我的每一天都充满欢乐。

与 Wiley 出版社出色的伙伴们一起工作总是令人高兴的。我很幸运 Margaret Cummins 是我的编辑，也是我的朋友。Kalli Schultea, Lauren Freestone, Lauren Olesky 和 Kerstin Nasdeo 都对本书提供了无与伦比的支持。我感激你们所做的一切。

我还要感谢 Donn Greenburg, Barbara Walsh, Amy Goretzky 和 Roberta Storer 为支持本书及我们一起合作过的其他出版物做出的努力。

感谢所有购买本书的读者。我希望它清晰地介绍了在项目管理中可使用的众多工具和技术，并能很容易被你们理解。祝愿你们所有的项目都能取得 CPI 1.0 的好成绩！

前　　言

目标读者

本书是为了项目管理实践者、项目管理课程的学生，以及那些为参加项目管理专业人士认证（PMP®）而学习的人所著。本书旨在明确和解释一些经常在项目管理中使用到的工具和技术。本书同样描述了一些不经常被使用，但在某些特定情况下，非常有用的特殊工具和技术。

如果你是一名项目管理实践者，你会发现阅读本书的工具和技术介绍，可以让你对怎样使用它们有更深层次的理解。你可能会希望对某一类别的工具和技术了解更多，比如数据表现或估算。

如果你是一名项目管理课程的学生，那么你可以使用本书来帮助你理解那些在课堂中被提到的工具和技术，并且了解怎样使用它们。

为了项目管理专业人士认证（PMP®）而学习的在职人员，可以通过阅读本书，对那些你将在考试中见到的工具和技术有更深层次的理解，从而获益。

本书写了什么

在《项目管理知识体系指南》（第 6 版）中提到了超过 125 种工具和技术，大多属于以下六大类之一：

- 数据收集
- 数据分析
- 数据表现
- 沟通技能
- 决策技巧
- 人际关系与团队技能

本书会部分使用这样的分类，但不是全部。本书将增加一个新的类型，我们称之为估算。不属于以上任何类型的技术将会组合在一起，称之为“其他技术”。所以本书中你将看到的大类为：

- 数据收集
- 数据分析
- 数据表现
- 估算

- 人际关系与团队技能
- 其他技术

在本书中，你不会看到《项目管理知识体系指南》(第 6 版) 中出现的所有 125 种技术。它们中的一些要表述起来实在太过于模糊，比如专家判断、质量改进方法或会议；有一些非常直观明确，不需要他人再来解释它们，比如基本规则、融资和反馈；还有一些技术本书没有涉及，因为它们已经是公用的管理技术，已经有海量的书刊介绍它们，如领导力、谈判和团队建设。

你将在本书中看到的是对 56 个在项目管理中使用到的技术的描述。它们中的一些，基本上在每个项目中都会使用，如类比估算、滚动式规划。还有一些较为特殊，例如，假设情景分析、完工尚需绩效指数。本书所涉及的技术，主要集中在可以预见的生命周期中，换句话说，本书不包括敏捷或适应性技术。这个决定是根据对目标读者的问卷调查而产生的，他们认为关于敏捷的技术在这里的价值较低，因为应该在一本专门为敏捷所写的书中，对敏捷技术进行更好的表述。

本书结构

每个章节从一段介绍开始。随后相关的技术会按英文字母顺序展示。注意展示的顺序并不是建立在应该用什么顺序去学习的基础上。举个例子，要学习制订进度计划，可能你应该按以下顺序学习：

1. 紧前关系绘图法 (第 6.6 节)
2. 提前量和滞后量 (第 6.5 节)
3. 部分或所有的持续时间估算法 (第 4.1、4.2、4.5、4.7 节)
4. 关键路径法 (第 6.2 节)
5. 资源优化 (第 6.9 节)
6. 进度压缩 (第 6.11 节)

然而，我们需要一个统一的方法来展示内容。对可能购买本书的不同人群来说，字母排序法似乎是最好的选择。

每个技术以一段关于“它是什么”的描述开始。接着会一步一步详解怎样使用这个技术。随后你将会看到一个示例，展示这个技术的使用。还有一些补充信息，告诉你在《项目管理知识体系指南》(第 6 版) 的哪些地方使用到这个技术。

这些示例都是基于 8 个场景的。在本书最后的附录中对每个场景有一个简要的综述。这些场景是：

- 建立一个托儿所。
- 满足公司发展的需要。
- 制作一个准备考试的视频。
- 开发一个网站。
- 改进一个信息技术服务台。
- 修建一个新的后花园。
- 升级一个 PMO 信息系统。
- 建造一个社区医疗大厦。

一些场景需要引用之前讲解的技术，你并不需要按照顺序阅读它们，但如果这些技术对你来说是全新的，那么前面的章节对你理解相关背景信息是有帮助的。

你应该也必须根据你所在的项目，在特定的环境和特定的组织结构中，裁剪使用本书中阐述的每个技术。没有两个项目是一样的，你的经验可以帮助你根据需要对方法和技术进行裁剪。

可以通过网站 http://www.wiley.com/go/pmtools 获取本书配套的教学课件。

祝你好运！

目　录

第 1 章

数据收集

Data Gathering

1.0 数据收集技术

数据收集技术是我们实施一个过程经常使用的第一项技术。在我们将过程的输入转化为输出之前，往往需要收集其他辅助信息。在这个环境中，输入可以是任何文件、信息或启动过程所需要的其他元素。而输出则是任何文件、信息、产品或作为过程结果的其他元素。

一些数据收集技术是对个人或群体收集数据的延续，如焦点小组和头脑风暴。还有一些通过使用诸如核对单和核查表等工具，对数据进行收集。很多人甚至机器，多次使用标杆对照和统计抽样数据方法，对过程数据进行收集。

本章节将描述的技术有：

- 标杆对照
- 头脑风暴
- 核查表
- 核对单
- 焦点小组
- 统计抽样

本书所没有描述的另一些数据收集工具，要么是因为它们和项目的关系不大，要么是已经非常普遍地被使用。例如，访谈、回顾之前的项目以获取经验教训和信息、制作问卷和调查表等，这些技术都普遍被广泛使用，而且在项目中的使用和在其他领域的使用并没有什么区别。它们已经足够普及，因而不再需要任何其他解释或示例来告诉人们怎样使用它们。

在以上这些技术中，你可以使用多个方法来收集数据。根据你的项目，使用可以让你最方便地获得最完整和最精确的信息的方法。

1.1　标杆对照

它是什么

标杆对照是在课堂中、在行业中，或者在组织的实践、过程和产品中，获得最佳的数据收集方法。标杆的内容成为改进过程、产品和结果的目标。标杆对照经常在收集需求、建立质量体系、编制成本和进度计划、制定相关方（特别是客户）满意度目标等项目中被使用。

怎样使用它

使用以下步骤为指导原则。根据你的环境，裁剪那些步骤。

1. 定义需要被改进的过程或测量指标。如果你要开发一个新的产品，或者改进一个已有的产品，那么定义你需要收集产品哪些方面的数据。

2. 如果你想使用标杆对照来改进绩效，那么将现在的绩效作为一个测量基准。

3. 识别出那些你所在公司内领先的、行业内处于领先地位的，或者相似过程在其他行业中处于领先地位的，成为你测量的目标。你可以通过和同行、咨询顾问、供应商、联盟组织成员进行交谈，或者用其他资源帮助你了解行业领先者（目标）。

4. 根据标杆是谁、在哪里、是什么等内容，某些情况下你可以较容易地定义最佳实践，例如，使用一个组织内部的目标作为标杆。然而，如果是一个外部目标，甚至以竞争对手为标杆时，你可能需要收集商业智慧信息，和咨询顾问合作，或者通过其他方式了解他们是如何达成这样的成就。

标杆对照的方法就这些了。如果你正在参与一个有标杆的过程改进项目，你需要制订一个可以帮助你达到标杆的实施计划。如果你正在进行需求收集的工作，标杆对照可以提供关于需求优先级的各种信息。

在整个项目过程中，你可以时时跟踪你的工作与标杆相比做得如何，如果能够使用量化指标的话，比对结果就更为简单，如单位成本、生产时间或质量缺陷数等。

场景：你的项目是帮助通过电话提供支持的信息技术服务台改进客户满意度。

你从获取客户满意度调查数据开始你的项目。你注意到信息技术部门最低分出现在服务台，特别是和电话支持服务相关的工作。

员工满意度调查

请用 1 ~ 5 分表明你对以下内容的满意程度。1=十分不满意，5=十分满意。

信息技术部门

服务台

5	4	3	2	1
你对服务台提供的服务质量是否满意？				
0.15	0.3	0.4	0.1	0.05
当你打入服务台电话时，对等待时间是否满意？				
0.05	0.1	0.3	0.4	0.15
你对协助你解决问题的服务人员的能力是否满意？				
0.62	0.2	0.1	0.08	0
你对你的问题获得解决的时长是否满意？				
0.5	0.25	0.15	0.1	0
你感到电话另一端的服务人员是否理解你的问题？				
0.65	0.2	0.1	0.05	0
电话另一端的服务人员是否聆听你的问题？				
0.45	0.25	0.15	0.1	0.05
你能理解服务人员在说什么吗？				
0.55	0.2	0.2	0.05	0
如果你留言给服务台，回电是否及时？				
0.25	0.25	0.35	0.1	0.05

安全部门

热线

5	4	3	2	1
你对热线提供的服务质量是否满意？				
0.82	0.15	0.03	3	0
当你打入热线电话时，对等待时间是否满意？				
0.75	0.15	0.1		
你对协助你解决问题的服务人员的能力是否满意？				
0.8	0.15	0.05	0	0
你对你的问题获得解决的时长是否满意？				
0.87	0.1	0.03	0	0
你感到电话另一端的服务人员是否理解你的问题？				
0.8	0.0	0.1	0	0

续表

5	4	3	2	1
电话另一端的服务人员是否聆听你的问题?				
0.85	0.05	0.05	0.05	
你能理解服务人员在说什么吗?				
0.8	0.1	0.1	0	0
如果你留言给热线，回电是否及时?				
0.9	0.05	0.05	0	0

在“打电话给服务台”问题中，满意度调查数据表明仅有 62%的被调查对象在 1～5 分中选择了 4 分或 5 分。你注意到安全部门的满意度非常高，93%的被调查对象给安全热线打了 4～5 分。你决定使用安全热线作为帮助信息技术服务台改进工作的标杆。

其他信息

这个工具经常和焦点小组（第 1.5 节）、市场调查、学术调查、问卷和调查等技术一起使用。

《项目管理知识体系指南》（第 6 版）相关章节

5.2　收集需求

8.1　规划质量管理

13.2　规划相关方参与

1.2 头脑风暴

它是什么

头脑风暴是用来获得点子、可选方案或解决问题的技术。通常这是一项群体活动，需要一个引导流程的协调人。头脑风暴主要聚焦在产生一定数量的结果，它的假设是一定数量的点子能导引出一个高质量的结果。在头脑风暴活动中，不存在批评，所有的想法都是平等的、受欢迎的，包括那些看上去很疯狂的想法。在收集到点子之后，可以使用许多其他技术来识别出可操作的选择。在头脑风暴的过程中，一些想法会在另一些想法的基础上出现，一群人协同讨论会比一个人单独思考产生更好的结果。

怎样使用它

使用以下步骤为指导原则。根据你的环境或你选择的头脑风暴的变化形式，裁剪那些步骤。

1. 定义头脑风暴活动需要讨论的问题、目标或输出。
2. 所有讨论者表达他们的想法。
3. 记录所有的想法。

如果时间允许，可以对所有想法进行详细说明、分析或排列优先级。

场景：你管理了一个为公司开发新网站的项目。

作为项目经理，你想要收集对于网站内容、设计和需求的一些想法。你从不同部门组织了一些人来进行头脑风暴，以获得一些想法。日后，你可以对这些想法进行优先级排序，还可以把这些想法拿给其他部门来评议。

你决定在传统的头脑风暴的基础上进行一些变化，使用组织传递技术进行一些电子头脑风暴和个人头脑风暴。

组织传递技术。你给每个人一个关于需求类型的讨论清单，来获取高层次需求。你要求每个人写下他的需求，然后传递给下一个人，下一个人可以增加他的需求。重复进行，直到每个人对每个类型的需求都表达了意见。

个人头脑风暴。和一群人一起讨论相对应，个人头脑风暴是一个人单独进行的。可以通过自由书写、自由阐述或画思维导图（第 3.6 节）的方式来进行。你让参与头脑风暴的人针对网站设计和图像用户界面（GUI）表达各自意见。你告诉他们，他们可以使用书写、画画、画思维图或其他任意方法来表达他们的想法。

电子头脑风暴。在这个头脑风暴技术中，你让参与头脑风暴的人在网络环境中参与讨论。你把需要讨论的主题发布在线上讨论板或聊天室中，让参与者进行回应。电子头脑风暴可以非常快速地获得大量想法，因为人们无须轮流发言。人们一看到其他想法，就可以直接进行回应，这是非常自主和自发的。实践证明，相比现场头脑风暴，电子头脑风暴可以产生更多且更高质量的想法。然而，电子头脑风暴需要组织者确保那些不知名的参与者不会进行预期之外的互动。电子头脑风暴也可以持续相对长一些的时间，以获得更多反馈。你可以决定将讨论板展示多长时间，以便参与者登录并提供他们的建议。

其他信息

头脑风暴可以和焦点小组（第 1.5 节）一起使用。将头脑风暴和其他群体技术结合在一起，可以将想法进行排序，以便进一步详细阐述，并最终达成共识。

《项目管理知识体系指南》（第 6 版）相关章节

4.1 制定项目章程

4.2 规划质量管理

5.2 收集需求

8.1 规划质量管理

11.2 识别风险

13.1 识别相关方

1.3 核查表

它是什么

核查表是一个用来收集数据的统计表。可以用它来收集关于缺陷的数据，或者用它对一个过程中的完整步骤进行跟踪。

怎样使用它

使用以下步骤为指导原则。根据你的环境，裁剪那些步骤。

1. 定义你希望记录的缺陷的类型（或其他变量），将它们记录在一个工作表的第 1 列。你可以从 A2 单元格开始，并在 A3、A4 单元格继续。

2. 第一行可以标注出现频率（在 B1 单元格中输入“频率”），或者你关心的发生位置，发生在星期几，发生在一天中的哪些时间或其他变量。将它们一一登记在 B2 单元格后的第一行中，然后在 B3、B4 继续往下写。

3. 观察过程、输出或其他产出结果。

4. 识别发生缺陷的源头，在合适的单元格中进行标注。

5. 对行和列进行加总统计。

场景：你的项目是帮助通过电话提供支持的信息技术服务台改进客户满意度。

为了帮助了解信息技术服务台被投诉的原因，你制定了一个核查表，对投诉数量、投诉原因和投诉部门进行统计。根据原因，统计投诉数量。同样地，也根据部门统计投诉数量。

<table>
<tr><th></th><th>IT
服务台</th><th>安全
热线</th><th>法律信息
专线</th><th>维修问题
专线</th><th>计数</th></tr>
<tr><td>电话被挂断</td><td>|||||||</td><td>|</td><td>|||</td><td>0</td><td>11</td></tr>
<tr><td>服务人员不聆听</td><td>||||</td><td>0</td><td>|||||</td><td>||</td><td>11</td></tr>
<tr><td>等待时间太长</td><td>|||||||||||||||||</td><td>|||</td><td>|||||</td><td>|||||||</td><td>39</td></tr>
<tr><td>不能理解技术人员说了什么</td><td>||||||</td><td>||</td><td>||||</td><td>|||</td><td>15</td></tr>
<tr><td>不能解决我的问题</td><td>||||||||</td><td>|||</td><td>|||||||</td><td>|||</td><td>24</td></tr>
<tr><td>不能及时回复我的电话</td><td>||||||||||</td><td>0</td><td>||</td><td>|||||</td><td>20</td></tr>
<tr><td>计数</td><td>62</td><td>9</td><td>28</td><td>21</td><td>120</td></tr>
</table>

其他信息

核查表可以展示缺陷的分布情况，从而进一步使用直方图或帕雷托图表示依据原因、位置或其他变量而带来的缺陷的分布频率。

《项目管理知识体系指南》（第 6 版）相关章节

8.3 控制质量

1.4 核对单

它是什么

核对单是一个需要执行的活动、步骤或过程的清单，它通常起到提醒的作用。

怎样使用它

在项目中，核对单通常用来减少或降低风险或缺陷。它包括一系列必须执行的步骤，或者必须完成的过程。

> **场景：你管理了一个为公司开发新网站的项目。**
>
> 这个例子展示了升级网站必须完成的一些任务。这只是一个例子，核对单应该根据你所处的环境进行裁剪。
>
> ☑ 收集相关方需求
> ☑ 映射内部链接
> ☑ 增加必要的新内容
> ☑ 向新网站上传内容
> ☑ 制定标签和元数据
> ☑ 检查所有链接
> ☑ 生成 XML/HTML 网站地图
> ☑ 测试速度
> ☑ 检查移动设备接入
> ☑ 用户满意度测试

其他信息

使用了核对单，但仍然失败的原因有：

- 人们依靠核对单，而忽视了核对单之外的最终导致风险或失败的内容。因而使用核对单只是一个开始，而不是结束。
- 过分依赖核对单可能忽略了常识或关键性思考。核对单可以提供快速行动的指引，但是不能取代考察环境并采取相应的措施。

总而言之，核对单应该在众多项目开始时使用，团队成员应该持续识别风险和缺陷的产生源头。

《项目管理知识体系指南》（第 6 版）相关章节

4.2 规划质量管理

8.2 管理质量

8.3 控制质量

11.2 识别风险

1.5 焦点小组

它是什么

焦点小组是将一群符合要求的人集合在一起，提供关于产品、服务或目标结果的信息。一个合格的主持人使用问题指南来聚焦提问的方向。主持人同时观察参与者的行为，包括非语言线索，并将他的观察记录下来。

怎样使用它

焦点小组主要在开发新产品或新服务时使用。它可以是市场调研活动的一部分，用来收集需求，或者对客户的选择、期待、希望获得的利益、隐藏的假设、普遍观点等进行挖掘。

1. 建立你的目标，或者希望焦点小组产生的输出。
2. 为小组能聚焦于关注点上提供一个讨论指导，同时为不经由主持人驱动的自由讨论提供空间。
3. 寻找一个合格的主持人。你可能需要雇用一个专业主持人来主导这个会议，使用的主持人必须至少符合以下条件：
    a. 友好的、不带偏见的、灵活的，并且很坦率。他需要围绕主题提出开放式问题，管理对话使之有效，而不是争论。
    b. 他需要对新产品或服务有一些理解，但不要对结果有既定偏好。
4. 决定如何记录整个讨论过程，可以使用录音、录像或笔记来记录。
5. 做好会议后勤工作，如确定时间、地点、日期和持续时间。
6. 识别和邀请参与者。在理想的状态下，你需要对潜在最终用户和客户进行全覆盖。
7. 在会议开始之初：
    a. 感谢与会者的参与。
    b. 回顾会议目标。
    c. 回顾会议推进方法、指导方针、参与讨论的基本原则等。
8. 在会议中：
    a. 使用开放式问题来开始一个主题，使用封闭式问题来确认某个观点。
    b. 确保所有人都参与其中。你可能需要针对性地获得一些人的反馈。
    c. 总结信息。如果需要的话，重新组织提问的语言，通过积极聆听，征求对回应的进一步意见。
    d. 在进行下一个话题或结束会议之前，询问是否还有其他意见或想法。
    e. 感谢大家的参与。
9. 分析数据，关注主题、意料之外的结果，以及新出现的问题。

场景：你是一个项目经理，该项目要为你所在公司的员工建立一个托儿所。

项目章程已经制定完成。你要和 12 位你所在组织中目前使用儿童关怀设施的家长开会。他们来自不同部门，从事不同的工作，他们的孩子年龄在 3 个月到 4 周岁不等。

你希望通过焦点小组来了解这些家长对于目前课程、游戏活动和食物的看法及期待。你决定由你自己进行记录并邀请人力资源总监罗伯塔来协助开展这个讨论会。罗伯塔和这些参与者中的任何人都没有私人交情，并且她在聆听、引导及创造一个没有偏见的环境等方面都很有经验。

你决定利用两周后的一个午餐时间开会，你将为与会者提供比萨和苏打水。罗伯塔以一个问题“人们希望在儿童关爱中心看到什么设施”作为开始。接着她询问了家长们期待拓展孩子的能力还是希望让他们玩耍、两者的时间比例如何设定、家长们期待看到的室内和室外玩耍设施的类型，以及他们对于点心和午餐的想法。

当会议结束的时候，家长们对于新的儿童关爱中心非常兴奋，表示愿意接受更多问题。你收集到的这些信息将帮助你汇总成一个面向游戏设施供应商和食物供应商的询价文件。你将为儿童关爱中心的总监提供关于课程设置和技能拓展的信息，帮助他制定幼儿的学习路线图。

其他信息

一些焦点小组为参与者提供激励，包括现金报酬。

焦点小组通常可以提供广泛的、有质量的信息。相较于问卷调查，焦点小组的交互过程及肢体语言可以为了解人们的想法提供更深层次的理解。可以先对有质量的信息进行分析，然后要求对问题排序或使用封闭式问题进行问卷调查，从而获得一定数量的数据。

《项目管理知识体系指南》（第 6 版）相关章节

4.1 制定项目章程

4.2 规划质量管理

5.2 收集需求

1.6 统计抽样

它是什么

统计抽样是在大的群体中选择一小部分，通过它们来推算整个群体的特征和信息。相对于询问群体的每个成员，或者对每个部件进行物理测试，选择部分群体来研究的方法在获得结论的时间和成本费用上更为有效。

怎样使用它

统计抽样可以用来推断一群人的行为，也可以判断一组产出物或组件的质量。

1. 识别受关注的群组数量。
2. 识别想要测量的变量。
3. 选择样本数量，以及选取样本的方法。
4. 实施抽样计划。
5. 根据样本测定目标变量。

选取样本最有效的方法是随机选择，或者用一个系统的方法选择（如每 15 人中选择一个）。

场景：你被要求满足 Top Dog 项目服务公司发展的需要。

在和所有部门讨论了如何达成增长目标后，你得到的解决方案之一是推行一个在家办公的计划。在设计该计划需求和规则之前，你想收集有多少人下班后或周末在家办公的数据。你还想知道就平均而言，工作日人们在电脑前保持活跃的小时数。你认为根据部门统计这个数据更有意义。

首先，你识别出员工有可能需要在家办公的地方。你找到了 4 个员工可能赞同这个计划的地方。你确认了可能需要在家办公的雇员总数达到 250 人，这就是你关心的整个群体。你决定了在每个部门中至少选取 3 个雇员作为调查对象。在人数超过 30 人的部门中，你决定每 10 个雇员中选取一个。

你约见了企业的信息技术总监，并且告诉他你的样本参数。他认可了这个方案，并且确认他可以协助提供匿名信息，来保护员工的个人行为习惯不被识别。他使用 4 周时间进行样本调查，从而获得了关于工作时间之外雇员活动的数据。

其他信息

当你选择样本时，确保你没有对样本中的某一特性进行过多或过少的覆盖。

统计抽样中选择样本的多少是一门博大精深的学问。多数情况下，在项目管理中我们并不需要特别精确。我们通常使用统计抽样来获得一个大群体的普遍印象。对那些需要使用 6 西格玛法测量的项目，你需要在定义需要测量的变量及选择样本上更为精细。

《项目管理知识体系指南》（第 6 版）相关章节

8.3 控制质量

第 2 章

数据分析

Data Analysis

2.0　数据分析技术

数据分析技术是对数据进行评估和测算，从而发现和主题相关的深层次信息，这些信息可以支持决策。在项目管理中，我们使用很多不同的数据分析方法。它们中的一些被广泛使用，如备选方案分析和决策树；另一些则在特定知识领域中使用，如相关方分析、自制或外购分析等。

本章节将描述的技术有：

- 备选方案分析
- 成本效益分析
- 质量成本
- 决策树分析
- 挣值分析
- 影响图
- 自制或外购分析
- 绩效指数
- 回归分析
- 储备分析
- 根本原因分析
- 敏感性分析
- 相关方分析
- SWOT 分析
- 技术绩效分析
- 偏差分析
- 假设情景分析

掌握这其中的某些技术是个挑战。有些技术特别复杂，如敏感性分析或挣值分析。理解项目数据下隐藏的含义对做出正确的决定非常关键。因而，在数据分析上投入时间对项目的成功有着举足轻重的作用。

本书对那些普遍存在的、非常容易理解的数据分析工具不予阐述，如文件分析、假设条件和制约因素分析等；本书也不涉及那些需要专门知识或软件来进行分析的技术，如模拟（蒙特卡洛分析）。你所参与的项目类型、可能获得的有质量的数据、是否有专用软件工具等，都可能对在项目中你能使用的数据分析技术产生影响。

2.1 备选方案分析

它是什么

备选方案分析用来评估项目工作的不同执行方法，并进行选择。备选方案分析可以用于高层级的分析，你也可以用一种更严谨的方法，它包含带有评级标准和权重的矩阵。这个技术可以用于各行业的几个不同的过程。

怎样使用它

下述步骤描述了怎样通过一个带有权重的评估条件矩阵来进行备选方案分析。根据你的环境，裁剪那些步骤。举例来说，你可以运用这个技术，但不需要权重，这样的话，你就可以略过第 3.2 步。

1. 识别你要评估的问题或决定。更多关于决策的信息，请参考第 5.2 节。关于解决问题的更多信息，请参考第 5.4 节。

2. 定义解决方案的需求。通常，解决方案的需求可以在需求文件、工作说明书、范围说明书或其他项目文件中获得。对于信息技术（IT）项目，也可以使用"用例"来获得解决方案的需求。

3. 定义评判条件和权重。相关方应该为他们期待的解决方案或产出提供评判标准，还应该为每个评估条件设置权重。项目经理或需求分析员通常需要协调这项工作的开展。以下这些步骤可以用来定义评判条件并设置权重：

（1）识别所选择的评判条件。

（2）针对每个评判条件，定义一个权重值。所有的权重相加等于 100 是一个最佳方法，但这不是必需的。

（3）对每个评判条件定义评判分值的方法。例如，如果所有者花费的成本低是一个评判条件，那么针对每个备选方案，定义怎样进行 1 ~ 5 分的打分，其中 1 表示成本最高，5 表示成本最低。

（4）制定一个打分矩阵表、一根轴是各备选方案，另一根轴是评判条件得分和权重。

4. 识别备选方案，并且进行市场调研。你可以通过分发询价邀请信、组织供应商会议、上网寻找答案或与咨询顾问进行交谈等方式来进行市场调研。

5. 进行内部评估、打分和测评，删减备选方案。可以用内部评估来缩小备选的范围到最后的 1 ~ 2 个，甚至在一些情形下，已经得到最好的解决方案，那么就可以跳过下一步。

6. 使用成本效益分析的方法来评估风险调整的成本，从而进一步减少备选方案。使用这个步骤来找到综合考虑各备选方案所包含的不同风险以后，能获得最高分的那个备选方案。依据调查的规模，可以在最终确定推荐方案之前对潜在备选方案进行深入的风险分析。

7. 方案推荐。将根据筛选条件评判并进行权重处理后，获得最高分且拥有可以接受的风险的解决方案向有权力做最终决定的相关方推荐。该相关方可能是项目经理，也可能是发起人或客户。在推荐最佳方案时，还应该向相关方一并提供后备方案的文件，以及整个选择过程的小结。

下面的例子描述了一个相对简单的备选方案分析的过程。随后，还有一个较为复杂的使用权重进行分析的例子。

场景：你正在管理一个为公司开发新网站的项目。

你正在分析比较是使用内部资源，还是使用单位小时成本更贵但具有更大的能力、可以更快速完成工作的外部资源。解决这个问题需要考虑的关键点是进度制约因素、成本制约因素和资源可用性。

可选方案 1：假设你有一个拥有足够技能的团队成员，她可以在 80 小时内完成工作，她的每小时单价是 45 美元。

可选方案 2：假设你可以将这项工作外包给一个能力更强的资源，只需要用 65 小时就能完成工作。这个能力更强的资源的每小时单价是 60 美元。

通过使用单价乘以持续时间，得到使用内部资源的成本是 3600 美元，而使用外部能力更强的资源的成本是 3900 美元。

如果目标方案的需求明确表示低成本的优先级高于进度，或者你倾向于使用内部资源，那么可以选择方案 1；如果时间是一个非常重要的考虑因素，并且你有足够的预算，那么可以选择方案 2。

场景：你是一个项目经理，该项目要为你所在公司的员工建立一个托儿所。

这个例子主要任务是为儿童关爱中心的餐厅选择食物提供商。根据餐饮服务的各项要求，使用加权评分表对各供应商进行评估。

1. **定义目标方案的需求**。在这个案例中，需求如下：

- 服务供应商需要提供各种食物供选择，特别是本地的新鲜水果和蔬菜。
- 根据获得推荐的程度来确定供应商的可靠度。
- 可以以和市场相一致的价格——5 美元提供一顿健康午餐。

2. **定义评估条件并设置权重**。在本案例中，选择条件和权重设置如下：

- 健康的食品：50%。
- 是否本地直供：15%。
- 良好的客户反馈：25%。
- 有竞争力的价格：10%。

评分依据如下：

健康的食品	5=75%的菜品是水果、蔬菜、谷物和瘦肉。不到 25%的菜品原料是冷冻或加工食品 4 = 66% ~ 74%的菜品是水果、蔬菜、谷物和瘦肉。不到 25%的菜品原料是冷冻或加工食品 3 = 50% ~ 65%的菜品是水果、蔬菜、谷物和瘦肉。不到 25%的菜品原料是冷冻或加工食品 2 = 菜品主要由油炸、冷冻或加工食品构成 1 = 新鲜食材非常有限，菜品基本都是油炸、冷冻或加工食品
是否本地直供	5=75%以上的原材料是由 100 公里以内的本地供应商提供的 4 = 66% ~ 74%的原材料是由 100 公里以内的本地供应商提供的 3 = 50% ~ 65%的原材料是由 100 公里以内的本地供应商提供的 2 = 大多数原材料的运输距离超过 100 公里 1 = 几乎所有的原材料的运输距离超过 100 公里
良好的客户反馈	5 = 5 份反馈报告都表示，对这个供应商评价良好，并会继续和它签约 4 = 5 份反馈报告中有 4 份表示，对这个供应商评价良好，并会继续和它签约 5 = 5 份反馈报告中有 3 份表示，对这个供应商评价良好，并表示会继续和它签约 5 = 5 份反馈报告中有 2 份表示，对这个供应商评价良好，并表示会继续和它签约 5 = 5 份反馈报告中只有 1 份表示，对这个供应商评价良好，并表示会继续和它签约
有竞争力的价格	平均价最低 在最低平均价基础上上浮 5% 在最低平均价基础上上浮 10% 在最低平均价基础上上浮 15% 在最低平均价基础上上浮超过 15%

制作打分表

供应商 条件	权重	评分	得分	评分	得分	评分	得分
健康的食品	0.50						
是否本地直供	0.15						
良好的客户反馈	0.25						
有竞争力的价格	0.10						
小计	1.0						

3. 识别备选供应商，并且进行市场调查。在这个项目中，你针对能提供现场服务的本地供应商进行调研，锁定了一些全国范围的连锁品牌和一些本地服务供应商。

4. 进行初始评估，对评估结果进行打分，然后删减备选项。下面是对你的询价邀请信进行回应的 3 家供应商的情况。你根据它们的投标书、已确定的选择条件和打分标准，对它们评分。

供应商		全国食品连锁店		Jodi 厨房		有机优选	
条件	权重	评分	得分	评分	得分	评分	得分
健康的食品	0.50	2	1	3	1.5	4	2
是否本地直供	0.15	3	0.45	5	0.75	4	0.60
良好的客户反馈	0.25	4	1	3	0.75	3	0.75
有竞争力的价格	0.10	5	0.5	4	0.40	3	0.30
小计	1.0		2.95		3.40		3.65

5. 进行内部评估、打分和测评，删减备选方案。假设在这个案例中，有机优选公司获得了最高分。你得到一个消息，它最近进行了一次管理层的变更，之前的管理层对客户需求的响应不够积极。在最近的 4 个月中，新管理层获得了更高的客户满意度。然而风险仍然体现在，在这项评估中，该供应商仅获得 3 分。你认为可以通过与它签订一个服务水平协议（Service Level Agreement, SLA），作为合同的一部分来控制这个风险。如果 6 个月后，你仍然对它的客户服务不满意，你可以建立一个退出机制。

6. 推荐解决方案。在这个案例中，你应该向决策人提供评分表、推荐结论，以及包括服务水平协议和退出机制在内的合同草案。

补充信息

部分组织使用备选条件分析作为高层次的备选方案识别方法，使用打分排序的方法进行多条件决策分析。在项目开始时，可用备选方案分析来选择最佳方法。在项目持续过程中，可用备选方案分析选择供应商；在质量管理中，可用备选方案分析识别质量问题的可能的解决方案；在风险管理中，可用备选方案分析来决定可接受的风险应对。

《项目管理知识体系指南》（第 6 版）相关章节

4.5 监控项目工作
4.6 实施整体变更控制
5.1 规划范围管理
5.3 定义范围
6.1 规划进度管理
6.4 估算活动持续时间
7.1 规划成本管理
7.2 估算成本
8.2 管理质量
9.2 估算活动资源
9.6 控制资源
11.4 实施定量风险分析
13.4 监督相关方参与

2.2 成本效益分析

它是什么

成本效益分析（CBA）是用来评估使用最小成本获得等同效益的最佳方法。可以使用成本效益分析来评估项目的可能性，并且将达成项目目标的不同备选方案或实现路径进行排序。

从短期财务角度出发，需要评估实际成本和收益。从长期财务角度出发，资金的时间成本也需要予以考虑。可以通过将未来的支出和消费转化为现在的价值的方法来实现。有些项目将整个产品生命周期的成本一并考虑，另一些项目则仅仅关注当前项目的成本。

当评估是否开展一个项目时，可以用现值收益减去现值成本。例如，准备一个业务用例的项目。收益减成本后获得的数值称为净现值（NPV）。如果净现值为正数，就可以期待这个项目获得正收益。净现值越高，项目可以带来的收益就越大。

评估一个项目采用哪些不同的方法，或者评估一个风险的不同应对方案时，可以根据净现值对备选方案进行排序，具有最高净现值的排在前列。

怎样使用它

使用以下步骤为指导原则。根据你的环境，裁剪那些步骤。

1. 列出需要评估的备选方案。
2. 为每个备选方案记录每年的成本。
3. 为每个备选方案记录每年可以获得的收益（用货币的形式表示）。
4. 运用每年的贴现率（货币的期望价值）来获得货币现值。
5. 用收益减成本得到净现值。

场景：你的组织正在升级现有的项目管理办公室信息系统的基础架构，包括所有的新软件、云计算、协同站点、实时报表软件等。

市场总监希望将升级项目管理办公室（PMO）信息系统带来的效益，与通过建立一条新的业务线来开发一门新的在线项目管理培训课程，进行比较。

PMO 信息系统升级的初始投资为 750 000 美元，而后每年的维护费用是 45 000 美元。项目收益需要到第 2 年才能提现。如下表所示，在新升级的基础设施更新换代前，从第 2 年到第 5 年，预计可以产生以下收入。

如果研发在线项目管理培训课程，那么第 1 年需要投入资金 325 000 美元，从第 2 年到第 5 年，每年都需要 35 000 美元来进行维护。你预计该课程第 1 年的销售额可以达到 1 500 000 美元，第 2 年到第 5 年每年的销售额可以达到 3 500 000 美元。

这些信息可以整理为下表。

单位：美元

	PMO 升级			网络培训		
年份	收益	成本	净现值	收益	成本	净现值
1	—	750 000		1 500 000	325 000	
2	2 500 000	45 000		3 500 000	35 000	
3	5 250 000	45 000		3 500 000	35 000	
4	6 000 000	45 000		3 500 000	35 000	
5	6 000 000	45 000		3 500 000	35 000	
		总计			总计	

设置贴现率为 5%。

从第 2 年开始使用 5%的贴现率进行计算。第 1 年和第 2 年的净现值进行如下计算。

单位：美元

	PMO 升级			网络培训		
年份	收益	成本	净现值	收益	成本	净现值
1	—	750 000	（750 000）	1 500 000	325 000	1 175 000
2	2 500 000	45 000	2 338 095	3 500 000	35 000	3 300 000
3	5 250 000	45 000		3 500 000	35 000	
4	6 000 000	45 000		3 500 000	35 000	
5	6 000 000	45 000		3 500 000	35 000	
		总计			总计	

第 1 年不需要使用贴现率，第 1 年的净现值就等于收益减成本。第 2 年收益减成本后，再除以 1.05，来体现 5%的贴现率。

第 3 年，在收益减成本后，需要除以 1.05^2；再下一年，除以 1.05^3；最后一年，除以 1.05^4。以下就是完整的运算结果表。

单位：美元

	PMO 升级			网络培训		
年份	收益	成本	净现值	收益	成本	净现值
1	—	750 000	（750 000）	1 500 000	325 000	1 175 000
2	2 500 000	45 000	2 338 095	3 500 000	35 000	3 300 000
3	5 250 000	45 000	4 721 088	3 500 000	35 000	3 142 857
4	6 000 000	45 000	5 144 153	3 500 000	35 000	2 993 197
5	6 000 000	45 000	4 899 193	3 500 000	35 000	2 850 664
		总计	16 352 530		总计	13 461 718

根据以上给出的信息，投资于 PMO 信息系统升级项目是一个更好的选择，因为它具有更高的净现值。

补充信息

本技术也被称为效益成本分析。在质量分析、自制还是采购分析中，可以看到这项技术结合了成本数据的运用。有时敏感性分析可以使用同样的方法计算备选项是稳定不变的，还是根据某些变量的变化而变化的。

使用成本效益分析需要注意以下陷阱：

- 根据以前项目或并不相似的项目进行估算，将会产生错误的预估。
- 在成本或收益估算中存在的主观或偏见，可能导致估算不可信。
- 确认偏见（为继续推进项目而寻找支持信息），可能导致获得比现实状况更容易接受的估算结果。
- 忽视重要的后续或支持成本，可能对结果得出错误的结论。

请注意，成本效益分析仅从财务角度审视备选方案。它并不考虑无形成本和收益，如商誉、士气、营业额的减少、社会效益等。因此，成本效益分析是可以考虑的一种技术，但不是评估项目可行性或实现方案的唯一方法。

《项目管理知识体系指南》（第 6 版）相关章节

4.5 监控项目工作

4.6 实施整体变更控制

8.1 规划质量管理

9.6 控制资源

11.5 规划风险应对

2.3 质量成本

它是什么

质量成本分析是在质量预防和质量评估上寻找适当的平衡点，以避免缺陷或产品失败。和质量相关的成本有 4 种：

- **预防成本**。预防产品缺陷或失败所产生的相关成本。
- **评估成本**。为决定质量需求的一致性程度而产生的相关成本。
- **内部失败**。向客户交付产品之前，团队内部找到缺陷而导致的相关成本。
- **外部失败**。向客户交付产品之后，（由客户）发现的缺陷而导致的相关成本。

下面简要描述每种成本，并且举例说明。这部分内容援引自美国质量协会（American Society for Quality, ASQ）①。

预防成本	预防成本发生在预防或避免质量问题上。这些成本和质量管理体系的设计、实施和维护相关。在项目主体工作开展之前它就被规划并发生。预防成本包括： • 产品或服务需求。对即将使用的物料、工作过程、要完成的产品和服务制定规则和规范 • 质量计划。对质量、可靠性、操作、产品和检查进行规划 • 质量保证。建立和维护质量体系 • 培训。开发、准备和维护质量体系
评估成本	评估成本主要使用在测量和监控与质量相关的活动上。在物料采购、过程、生产和服务等工作中，对供应商或客户进行评估，以保证达到规范。可能包括以下方面： • 核实。依据已签署的规范文件，检查后续物料、设定的工序或产品 • 质量审计。确认质量管理体系正常运作 • 供应商评分。对提供产品或服务的供应商进行评估和审核
内部失败	内部失败成本是指在产品或服务交付给客户之前，为补救已发现的缺陷而发生的成本。这些成本发生在向客户交付之前，发现项目工作的成果无法达到设定的质量标准。可能包括以下方面： • 报损。进行不必要的工作，或者因为失误、管理和沟通不当而持有过多存货 • 报废。有缺陷的，不能被修复、使用或售卖的产品或物料 • 返工或纠正。对有缺陷的物料或错误进行修正 • 失败分析。为了在内部发现产品或服务失败的原因而安排的活动
外部失败	外部失败成本是指由客户发现的产品或服务的缺陷。这些成本的产生是因为没有在将产品或服务交付给客户之前，发现不符合目标质量规范的地方。可能包括以下方面： • 维修和服务。针对已经被送回的产品和在市场上流通的产品 • 保修索赔。在质保期间对有缺陷的产品进行更换或重新提供服务 • 投诉。处理和服务客户投诉的相关工作和成本 • 召回。对召回产品或退货进行检查和处理，包括期间发生的运输成本

① http://asq.org/learn-about-quality/cost-of-quality/overview/overview.

怎样使用它

和质量相关的成本通常在组织的基础架构、政策和过程中已决定了一部分。但收集这些信息为项目分析所用会很困难。通常在项目中，当需要评估是否应该做更多未雨绸缪的工作以获得更好、更稳定的产品，或者希望更快速地推进项目，且愿意承担将来修补可能存在的问题所需要的时间和成本时，就可以运用质量成本分析工具。可以使用简单的方法来应对后者，诸如准备一些冗余，或者另外安排一次设计或技术审查，又或者将支持工作外包给供应商等。无论你的分析结果如何，你的决定必须和你所在组织的政策及相关方的需求相一致。

当你对你的项目进行成本质量分析时，不要包括那些已知的、和组织政策相关联的成本。举个例子，如果你的组织使用一家供应商，每年定期对设备的一些部分进行维护和保养，那么不要将这部分成本计算在你的项目成本预算内。只覆盖那些和项目相关的成本即可。

1. 识别、预防或避免风险或质量问题而产生的成本，包含预防或评估成本。可以将这些视为高质量成本，如更完善的设计和审核流程、文档、培训、查验和审查。

2. 识别和产品缺陷相关的所有成本，包括报废、返工、根本原因分析、质保工作、修理、回收等，甚至有可能是诉讼或丢失客户所发生的成本。

3. 计算总的一致性成本（用来预防失败的成本）和非一致性成本（项目期间和项目完成后，对发现的失败进行补救的成本）。

4. 在预防和评估成本与失败成本之间找到最佳的平衡方案。

场景：为帮助雇员获得行业认证，开发一个时长为 8 小时的内部培训视频。

你所在的组织希望有 150 名雇员能在未来的 4 年里相继取得一项认证。你计划请那些已经通过认证考试的员工作为主题专家（SMEs）来开发课件，你也会让你的团队成员将课件制作成视频。

你假设可以在一个教室内用两个摄像机对主题专家的讲课进行拍摄。你尝试拍了 15 分钟录像作为原型（见第 6.8 节），视频声音质量非常差。尽管主题专家需要重复录制几次，但总体而言，课件的质量是可接受的，主题专家在镜头前也表现正常。

你相继邀请一些摄影师、摄影工作室、达人、编辑和导演根据 15 分钟的试拍视频进行报价。你将向项目发起人提供成本预算案，并且推荐项目方案。你希望从成本质量的角度证明你的结论是合理的。

单位：美元

一致性成本		非一致性成本	
预防		内部失败	
打包视频服务[1]	12 000	补充材料[2]	1 500
包括导演、编辑、摄像和摄影棚时间			
达人	2 400		
评估		外部失败	
技术审查员	1 000	重考[3]	15 000

注：1. 假设 8 小时的视频，需要用 16 小时来录制。

2. 假设你需要制作、刊印一份纸质补充材料，并分发给潜在的考生们，以纠正一些错误的信息。

3. 假设课程内容不正确，或者内容传达不清晰，有 20%的人通不过。每重考一次需要 500 美元。

根据以上成本信息，你计划推荐使用打包视频服务，并引入技术审查员作为确保项目质量的最佳组合。你相信在导演和编辑的帮助下，你的主题专家们可以很好地将知识表达出来，因而不需要从外部雇用一个演员。虽然你对主题专家们开发一个好的课件有信心，但你仍然认为出资邀请一个外部专家对内容进行审核是一个明智的做法。

你相信拥有一个高质量的视频课件可以帮你省下由低质量课件带来的外部失败成本。换句话说，如果有人考试失败，那完全是因为学习不够而引起的，没有理由认为是因为公司提供了一个低水平课件。这样的话，员工需要自行支付重考的费用。简言之，一致性成本为 13 000 美元（打包视频服务+技术审查员），非一致性成本为 16 500 美元。

补充信息

质量成本（COQ）分析经常和成本效益分析（第 2.2 节）一并使用，也可以作为成本效益分析的替代方法来使用。质量成本分析也是自制或采购分析（第 2.7 节）的一个组成部分。如果使用 COQ 来评估多种备选方案，你可能需要使用决策树（第 2.4 节）对结果进行建模。

《项目管理知识体系指南》（第 6 版）相关章节

7.2 估算成本

8.1 规划质量管理

2.4 决策树

它是什么

决策树分析使用带有分支的图形，将各种不确定的备选项或产出结果及它们隐含的内容制作成模型。在项目管理中，我们使用决策树分析方法来评估对哪个项目进行投资，采用什么方法进行，并且对不确定的成本、进度或风险事件进行建模。

怎样使用它

1. 识别可能发生的各种不同情境或结果。在一些情况下，可能的结果并不会发生；然而，这里的关键是要建立一个模型，用来展示就当下所获得的信息而言，什么是有可能发生的。
2. 画一个图，每个分支代表一种可能性。
3. 判断每个分支上的情形可能发生的概率，整个图上所有分支的概率加在一起应该是 100%。
4. 判断每个与结果相关的货币价值。
5. 将发生概率乘以货币价值。
6. 将每个分支下属分支的货币价值相加，获得每个分支路径的结果。

记住，决策树只是一个表明了可能发生的情形的模型，并不是实际情况。它是一个可以用来对不确定性建模的工具。和其他模型一样，它和实际的接近程度依赖它背后的数据。换一句话说就是，进去什么，出来什么。

场景：你的组织正在升级现有的项目管理办公室信息系统的基础架构，包括所有的新软件、云计算、协同站点和实时报表软件等。

你在评估是购买一个新的报表软件，在此基础上进行定制化改良，还是内部开发一个报表软件。这是你的初始分支。

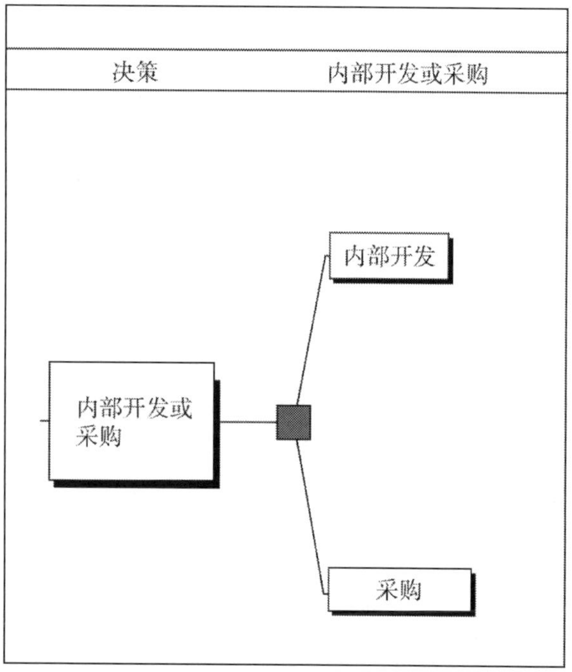

如果内部开发，你可能要承担资源流向其他项目的风险。基于当前环境，你假设流失 40%团队成员的概率是 50%。

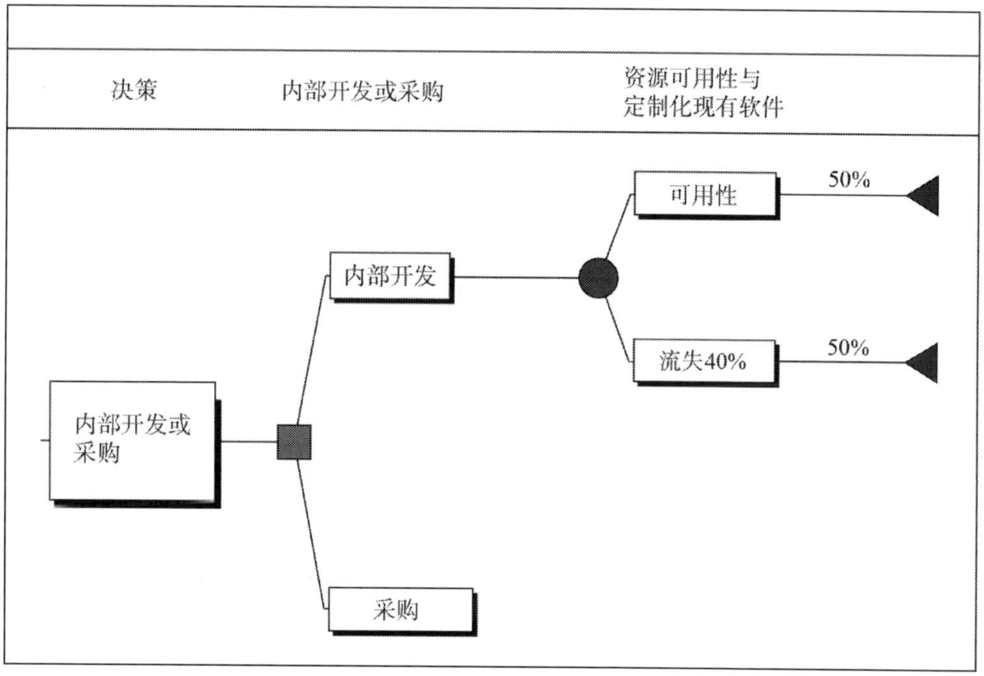

如果保住你的团队，开发软件的成本估计是 172 000 美元。如果你的团队成员流失，你就需要从外部雇用合同工，开发成本将达到 208 000 美元。

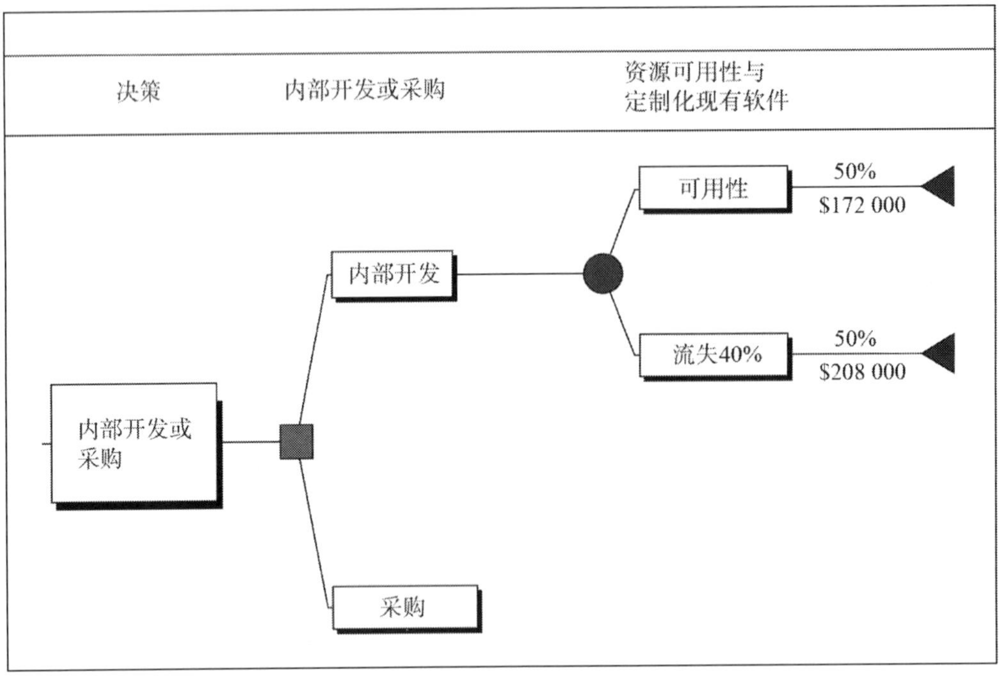

将每个分支的发生概率和可能花费的成本相乘，获得每个分支的数据。在图上标注每个分支的数据，得出使用内部开发的方案。

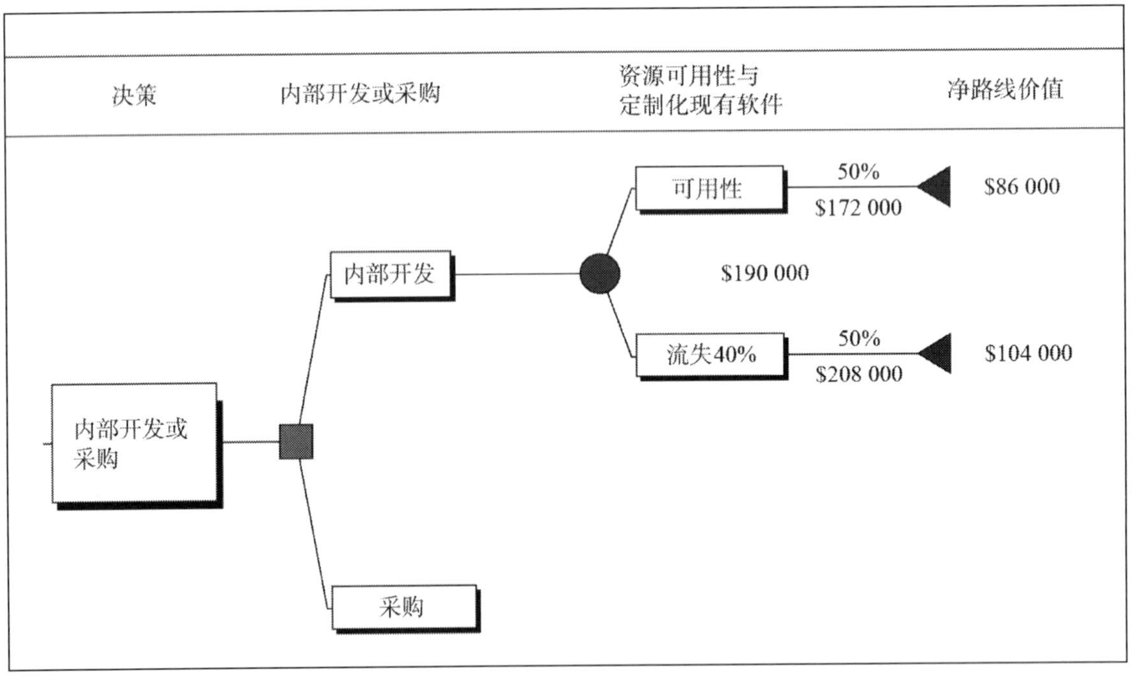

如果采购现成的软件，那么不确定性是为了使外购软件能和现有系统协同使用，需要投资外购软件定制化的成本。有 60%的概率只需要进行少量定制化工作就可以使用，那么采购加定制化的总成本是 152 000 美元。但仍有 40%的概率需要进行许多定制化工作，这样的话总成本会增加到 188 000 美元。

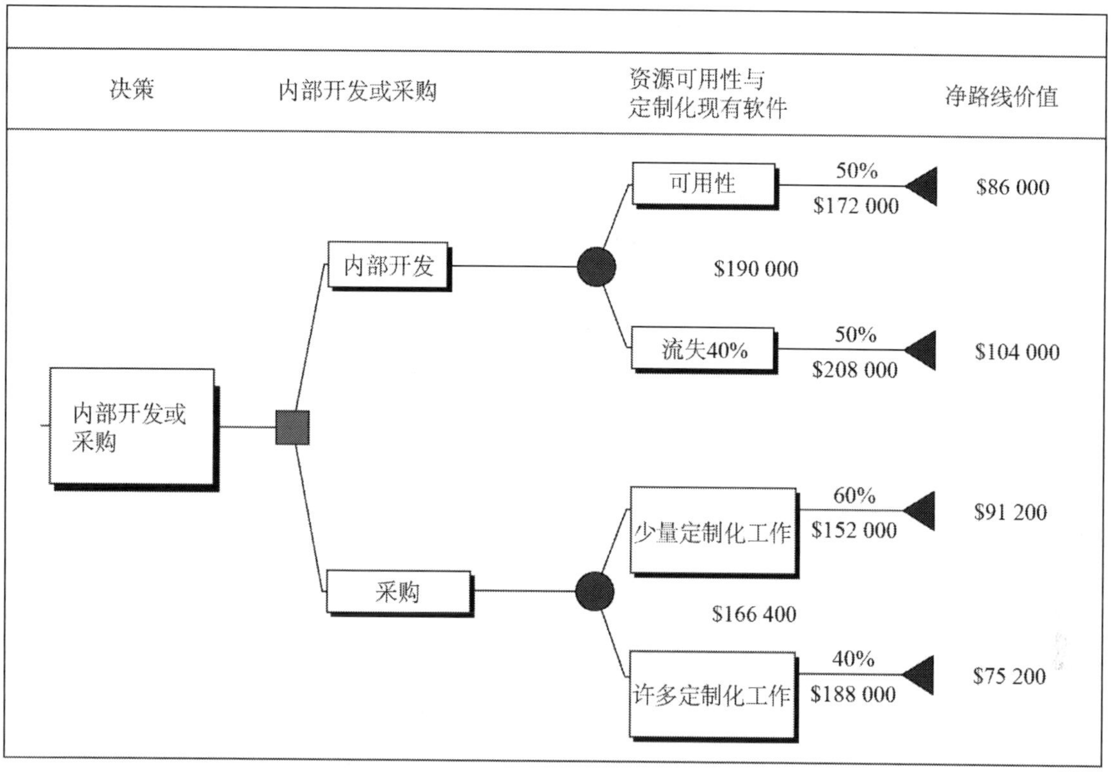

计算预期费用，将费用数值添加在“外购”的每个分支上。

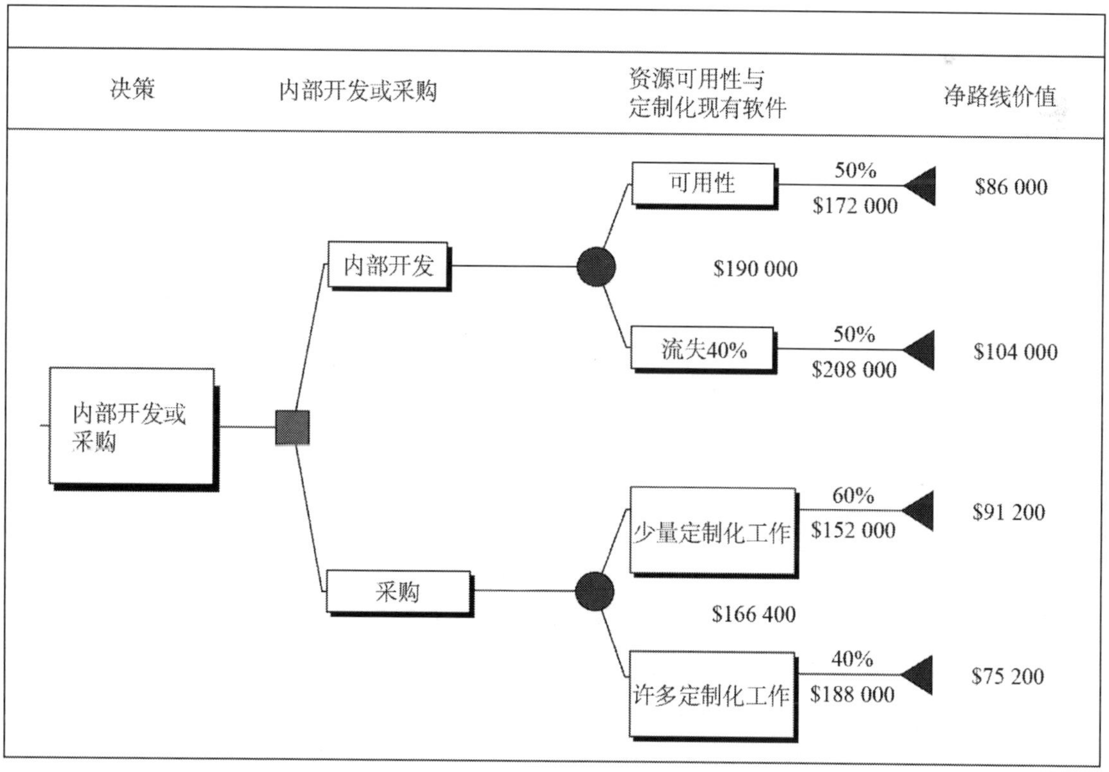

你最后的决定可能是购买现成的软件，因为这个方案预计花费比较低。

补充信息

记住，货币价值和可能性估算并不是精确估算。尽管你认为某结果出现的可能性处于一个区间范围，但你仍然需要使用确定的数值来制作决策树。确定性估算是单点估算，而不是范围估算。

在本案例中，决策树包含了很多不确定性。某些决策树可能存在更多限制性信息，比如和采购或租赁相关的利息、直接雇用或使用外包人员等。

决策树通常用于对预期货币价值进行建模，也可以用它对质量成本（第 2.3 节）、自制或外购分析（第 2.7 节）、风险应对、假设情景分析（第 2.17 节）等进行建模。

《项目管理知识体系指南》（第 6 版）相关章节

11.4 实施定量风险分析

2.5 挣值分析

它是什么

挣值分析是一种将范围、进度和成本等信息集合在一起评估项目绩效的技术。全面实施挣值管理体系是一项非常复杂的工作。为了方便解释，我们将尽量使用简化的语言。

要进行挣值分析，你需要对工作进行计划，才能获得每个工作包［工作分解结构（WBS）中最低层单位］的持续时间和成本估算。随后进行进度规划，计划每个工作包的执行时间，其成本也就相应地被分配在这段执行时间上。下面的例子示范了一个后院景观工程的工作包。左侧为工作包，灰色区域显示该工作的持续时间（天数），并且在持续时间段内标注该工作的成本。

	1	2	3	4	5	6	7	8	9	10	11	12	13	14	15
搭建观景台	$2 400														
观景台地面铺设					$2 400										
种蔬菜										$1 500					
种树										$1 800					
种花										$1 000					
种草													$1 500		
人造景观													$1 500		

这份整合了项目已确认的范围、进度和成本的计划称为绩效测量基准（Performance Measurement Baseline，PMB）。用绩效测量基准来衡量项目在进度和成本上的进展。PMB 反映了在给定的某个时间点，每个工作包的计划价值。计划价值是授权给每个进度项的预算。如上图，截至第 4 天搭建观景台的工作的计划价值是 2 400 美元。可以假设更细致的工作分解，截至第 6 天，观景台地面铺设的计划价值是 800 美元（假设这项工作的预算计划是每天 400 美元）。汇总起来，截至第 6 天，总计划价值是 3 200 美元。

怎样使用它

一旦确认了绩效测量基准，你就可以用它与项目执行情况相比较。

1. 识别经过一段时间后，已完成的工作获得的实际价值，称为挣值。在上面的例子中，如果第 3 天结束的时候完成了观景台的搭建，那么第 3 天的挣值（Earned Value，EV）就是 2 400 美元。这是因为，观景台结构搭建这项工作的计划价值是 2 400 美元，一旦完成，实际得到的价值就是 2 400 美元。

2. 通过比较挣值和计划价值来分析项目进度绩效。如果挣值比计划价值小，那就说明进度落后了；如果挣值大于计划价值（Planed Value，PV），那么你走到了计划之前。计算公式为进度偏差 SV= EV – PV。

3. 识别完成工作的花费。可以通过检查发票、计算工作开展的小时数和单位小时成本、物料付款单，以及其他项目工作预算中包括的成本条目等识别并加总。最后得到的结果称为实际成本（Actual Cost，AC）。

4. 通过比较挣值和实际成本，衡量项目成本绩效。如果实际成本大于挣值，那么就是超支；如果实际成本小于挣值，则表明省了一些钱。计算公式为成本偏差 CV= EV–AC。

场景：建造双松医疗大厦——一个新的现代医疗资源中心。

双松医疗大厦（TPMP）的建造项目有如下绩效测量基准。

单位：美元

	1月	2月	3月	4月	5月	6月	7月	8月	9月	10月	11月
破土	4 500 000										
地基		7 500 000	7 500 000								
钢结构				9 000 000	9 000 000						
外部护围						13 500 000	13 500 000	13 500 000			
内部框架									6 000 000	6 000 000	6 000 000
月度小计	4 500 00	7 500 000	7 500 000	9 000 000	9 000 000	13 500 000	13 500 000	13 500 000	6 000 000	6 000 000	6 000 000
总计	4 500 00	12 000 000	19 500 000	28 500 000	37 500 000	51 000 000	64 500 000	78 000 000	84 000 000	90 000 000	96 000 000

	12月	1月	2月	3月	4月	5月	6月	7月	8月	9月	10月
管道铺设	3 000 000	3 000 000									
电力			3 000 000	3 000 000							
HVAC（暖通空调）					2 250 000	2250 000					
供气							1 500 000				
警报								1 500 000	1 500 000		
电信								1 500 000	1 500 000		
光缆								1 500 000	1 500 000		
收尾										1 500 000	1 500 000
月度小计	3 000 000	3 000 000	3 000 000	3 000 000	2 250 000	2250 000	1 500 000	4 500 000	4 500 000	1 500 000	1 500 000
总计	99 000 000	102 000 000	105 000 000	108 000 000	110 250 000	112 500 000	114 000 000	118 500 000	123 000 000	124 500 000	126 000 000

上表中，最后的总计称为完工预算（Budget at completion，BAC）。在本案例中，建楼的完工预算为 126 000 000 美元。

假设现在是第 1 年的 8 月，项目的绩效测量基准 PMB 表明计划价值应该累积到 78 000 000 美元。而项目的挣值反映已经完成了破土、地基、钢结构工作，外部护围工作完成了 85%。汇总展示如下：

单位：美元

工作任务	计划价值	完成比率（%）	挣　值
破土	4 500 000	100	4 500 000
地基	15 000 000	100	15 000 000
钢结构	18 000 000	100	18 000 000
外部护围	40 500 000	85	34 425 000
总计	**78 000 000**		**71 925 000**

注意，这里并没有真实反映完成以上工作的成本，仅仅是计划价值和挣值。实际成本是由所有票据的金额相加。在这个案例中，发票显示，破土因为与供应商签订的是一个固定价合同，因此实际成本和计划成本一致（4 500 000 美元）。地基工作超支了 874 000 美元。钢结构和外护围的工作同样也超

过了成本预算。已经完成的实际成本如下：

单位：美元

工作任务	计划价值	完成比率（%）	挣 值	实际成本
破土	4 500 000	100	4 500 000	4 500 000
地基	15 000 000	100	15 000 000	15 874 000
钢结构	18 000 000	100	18 000 000	18 952 250
外部护围	40 500 000	85	34 425 000	36 105 800
总计	**78 000 000**		**71 925 000**	**75 504 150**①

阅读上表，你可以直觉地感受到项目工作开展得并不那么顺利。显而易见的是，项目目前的挣值低于计划价值，但实际成本高于计划价值。在挣值技术的帮助下，你可以简单地通过计算得到量化的结果。

通过研究成本和进度偏差，我们可以知道项目目前进度落后多少，已经超支多少。通过比较 EV 和 PV，衡量项目进度绩效表现。使用 EV 和 AC 来比较项目成本绩效表现。我们可以使用累计 PV，EV 和 AC 值进行计算，以获得成本和进度偏差，公式如下：

EV−PV=SV　　71 925 000−78 000 000=−6 075 000（美元）

EV−AC=CV　　71 925 000−75 504 150=−3 579 150（美元）

上述数据说明，在过去的时间里，我们完成的工作带来的效益比计划价值少 6 075 000 美元，并且，我们多花了 3 579 150 美元来完成这些工作。换句话说，我们进度落后且成本超支。

审核项目偏差时，负的偏差意味着项目不如计划的理想。可能是进度落后了，也可能是成本超支了。注意，只关心挣值的数字，并不会让你知道发生了什么。它只能反映实际发生的情况和计划的不一样。重要的是找到根本原因，然后采取适当的措施，让项目回到计划的正轨上来。

补充信息

关于挣值分析技术还有很多。你可以在绩效指数（第 2.8 节）、完工尚需估算（第 4.4 节）、完工估算（第 4.3 节）、完工尚需绩效指数（第 4.6 节）和完工偏差（第 4.8 节）中看到对于挣值分析的其他应用案例。

《项目管理知识体系指南》（第 6 版）相关章节

4.4 管理项目知识

6.6 控制进度

7.4 控制成本

12.3 控制采购

① 实际成本总计并不等于前 4 项的和，但为了忠于原著，译者不进行改动，完全使用原著的数据。下同。——译者注

2.6 影响图

它是什么

影响图是一种展示变量、不确定因素，以及每个变量对其他变量、决策或最终目标之间影响程度的图形。使用影响图，可以对每个变量对决策和结果的影响达成共识。

影响图使用不同的形状来表示节点。节点之间使用箭头来表示不确定性、决定和对象目标。通常使用下列图形表示不同的节点，它们分别是：

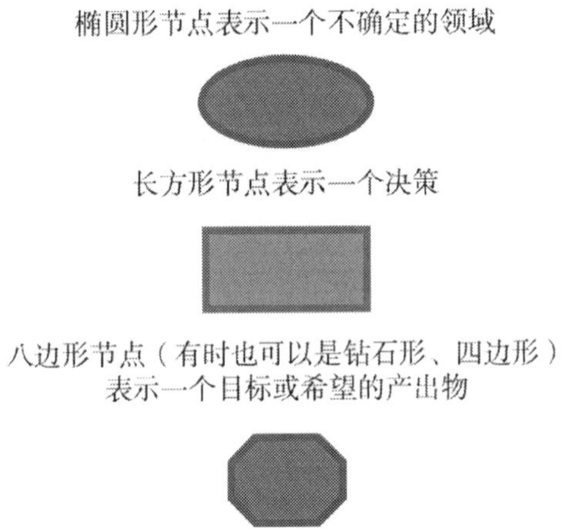

怎样使用它

使用以下步骤为指导原则：

1. 识别你想要达到的目标，成为你的八角形节点。
2. 识别为了达到目标需要做的决定或面对的选择，这些都是你的长方形节点。
3. 识别对决策或选择有影响的变量。这些变量可能是你掌控之内的（如资源的可用性），也可能是你掌控之外的（如天气情况或规则），它们都是你的椭圆形节点。
4. 一个节点对另一个节点产生影响，就在它们之间画上箭头。

场景：你被要求满足 Top Dog 项目服务公司发展的需要。

在过去的 4 年里，在南加利福尼亚州 Top Dog 项目服务公司所在地，雇员人数的增长和离职率都持续上升。你正在寻找可以支持雇员人数增长，但又能降低雇员离职率的方法。在对离职雇员的访谈中，经常会出现的一个原因是，雇员们希望获得更多远程工作的自由。

Top Dog 项目服务公司于是决定试行一个在家工作的项目。出于以上需要，公司认命你来负责在全公司范围内试运行这个在家办公的项目。你被要求对项目结果进行汇总，并向高级管理层提出建议。

作为项目启动会议的一部分，你列出了一些会影响这个降低离职率的项目的变量。

影响图

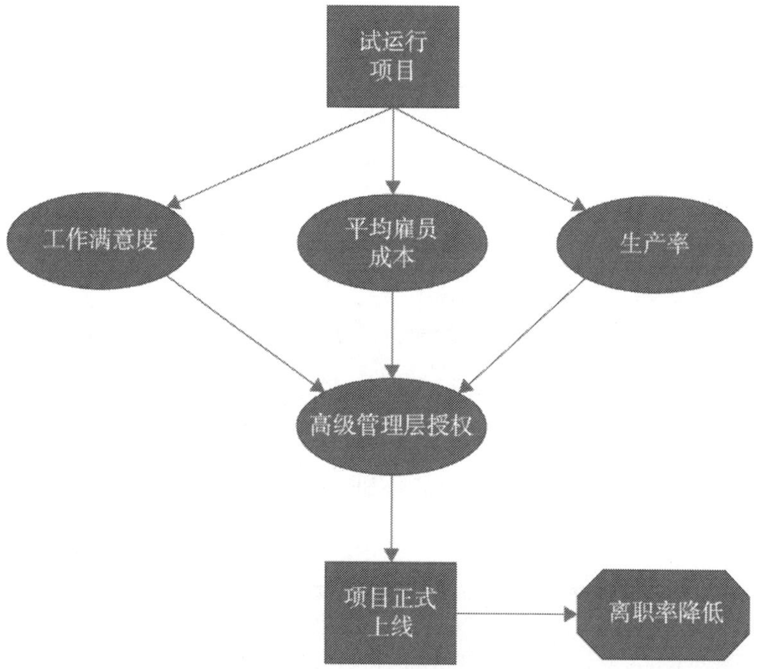

这个图表明，试运行项目可能对工作满意度（增加或降低）、单位时间员工成本（提高或降低）、生产率（提高或降低）产生不同的影响。根据这些结果，高级管理层会决定是否批准这项作为降低员工离职率的方法之一，在公司范围内正式实施。

补充信息

有些时候，可以用影响图代替决策树，因为不确定性节点迅速发散会导致决策树过于复杂，无法解读。影响图在表示不同节点之间因果关系上比决策树做得更好。

《项目管理知识体系指南》（第 6 版）相关章节

11.4 实施定量风险分析

2.7 自制或外购分析

它是什么

自制或外购分析用来决定哪些工作或可交付成果希望通过内部生产来完成，哪些工作希望通过向外部供应商采购来完成。进行自制或外购分析时，应该考虑的因素包括资源可用性、资源技能、成本、专利信息、风险和其他相关的因素。

怎样使用它

为了完成项目，很显然在一些情形下，你需要进行采购，如你的组织中没有完成交付必需的技能等。但在另一些情形下，比如要交付的正是你所在组织的核心竞争力，又或者你想管控整个过程，甚至你希望相关知识始终留存在公司内部，那就必须在组织内部完成这些工作。

对于那些两者皆可的情况，这里有一些衡量因素供参考。可使用以下信息作为指导，根据你的环境进行裁剪。

自制的原因	外购的原因
成本低[1]	成本低[2]
使用现有的能力	使用供应商的技能
维持直接管理	需求小
维护设计的保密性	有限的内部力量
发展一种新的竞争力	维持供应商关系
公司的核心竞争力	转移风险
员工可用性	容易获得

注：1. 分析成本时，不要忘记间接成本。自制的间接成本可能包括管理成本、折旧、税、物料的处理和保存，以及其他。
2. 外购的间接成本可以包括制定招标书的时间和费用，以及用于对供应商的评估、选择和管理的时间及成本。

场景：你是一个项目经理，该项目要为你所在公司的员工建立一个托儿所。

你需要决定是为儿童关爱中心招聘雇员，还是将员工及管理工作都外包给一家名为 Watch Us Grow 的专业运营儿童服务中心的公司。

你识别了一些本公司自己雇用员工并管理儿童中心的原因：

1. 可以节省 15%的外包公司服务费。
2. 你不需要花费时间和精力去进行合约谈判。

3. 你对课程设置、时间、政策、工作手续等日常运营活动有更大的控制权。

你还识别了一些支持将儿童中心的管理外包的原因：

1. 不需要花时间和成本进行职位招聘信息发布、面试、证书核验、背景调查和其他相关工作。

2. 这不是你公司的核心竞争力。你并没有计划将这个员工福利项目做成一个大型业务，你只需要 5 名工作人员来管理整个项目。

3. 所有和雇员相关的责任都被转移到 Watch Us Grow 公司。

4. 在合同谈判上花费的总时间，会比雇用员工花费的总时间少。

第三方公司的管理费用与自行制定要求、招聘及其他相关费用基本一致。究竟是对雇员中心运营的掌控重要，还是减少时间成本、转移责任重要，成为做出决策的关键考虑因素。

补充信息

自制或外购分析经常和成本效益分析（第 2.2 节）、净现值分析（第 2.4 节）、投资回收周期计算等工具一并使用，以决定项目应该采取的最佳实践路径。进行自制或外购分析时，你也可以使用决策树（第 2.4 节）对不同的情景进行建模。

《项目管理知识体系指南》（第 6 版）相关章节

12.1 规划采购管理

2.8 绩效指数

它是什么

绩效指数使用挣值分析（第 2.5 节）获得的数据，对项目的进度和成本效率进行分析。进度绩效指数（Schedule Performance Index，SPI）通过对比挣值和计划价值，表示了对进度效率的测量。它告诉我们在特定的时间点，当前的项目进度和我们计划的进度之间的比例关系。成本绩效指数（Cost Performance Index，CPI）通过对比实际成本和计划成本，表示对成本效率的测量。它告诉我们在特定的时间点，在当前项目投入的基础上，我们获得了多少价值的项目回报。

怎样使用它

1. 从挣值（EV）开始，用计划价值（PV）来做除法，计算 SPI。公式为 EV/PV=SPI。
2. 从挣值（EV）开始，用实际成本（AV）来做除法，计算 CPI。公式为 EV/AC=CPI。

场景：建造双松医疗大厦——一个新的现代医疗资源中心。

使用挣值分析技术（第 2.5 节）介绍的内容，可以计算 SPI，CPI。下表是对当前项目绩效的一个汇总。

工作任务	计划价值	完成比率（%）	挣值	实际成本
破土	\$4 500 000	100	\$4 500 000	\$4 500 000
地基	\$15 000 000	100	\$15 000 000	\$15 874 000
钢结构	\$18 000 000	100	\$18 000 000	\$18 952 250
外部护围	\$40 500 000	85	\$34 425 000	\$36 105 800
总计	\$78 000 000		\$71 925 000	\$75 504 150

使用 SPI 和 CPI 进行如下计算：

EV/PV=SPI　　\$71 925 000 / \$78 000 000 = 0.92

EV/AC=CPI　　\$71 925 000 / \$75 504 150 = 0.95

这两个数据表明这个项目的进度绩效为 92%，成本绩效为 95%。还有一种对这两个数据的解读方法，即每 10 个工作日只能完成 9.2 个工作日应该完成的工作。对于花出去的每一美元，项目获得了 0.95 美元的成果。

查看指标的时候，如果指标低于 1.0，表示项目绩效不及预期，要么完成工作不够，要么花费过多。

补充信息

绩效指标技术可以和完工尚需估算（第 4.4 节）及完工估算（第 4.3 节）一起使用。

成本绩效指标是衡量项目总体健康状况的唯一最佳指标。你可以美化进度偏差，但几乎不能修改成本偏差。如果项目在开始初期偏差就很显著，那么随着项目的推进，情况只会越来越差。其中的原因是，如果估计完成眼前的工作都有困难的话，那么估计完成将来的工作会有更大的困难。

和在完成了项目 75%的工作时才发现已经基本用完了所有预算的情况相比，使用绩效指数可以尽早发出警告信号，为项目组采取纠正偏差的行动提供可能。

绩效指标用来识别那些最需要关注的领域。绩效指标越低，完成可交付成果或项目的困难就越大。

《项目管理知识体系指南》（第 6 版）相关章节

4.5　监控项目工作

6.6　控制进度

7.4　控制成本

12.3　控制采购

2.9 回归分析

它是什么

回归分析是衡量一个项目成果——非独立变量，和一个或多个独立变量之间关系的方法。分析一个项目成果和一个独立变量之间的关系，称为简单回归模型，分析一个项目成果和多个独立变量之间的关系称为多重回归模型。

回归分析用来对非独立变量和独立变量之间将来的关系走势及绩效表现进行预测，回归分析最经常被使用在财务绩效分析中，特别是投资分析，当然它也可以在医疗，社会科学，甚至在项目中使用。

使用回归分析需要寻找那些有预示作用的独立变量，如成本、绩效、进度及缺陷率。因为你需要足够的数据来进行回归测试，不能因为数据集太小而曲解现实状况。比较好的方法是由项目管理办公室（Project Management Office，PMO）来进行一系列的回归分析，识别可以确定项目成败的、最有预见性意义的变量。

多重回归分析需要使用统计软件来开发一个可用模型。如果你要进行一个简单回归分析，那么你可以使用 Excel 的图表功能，画一个使用两个变量的散点图，来查看它们是否存在关系，如果是的话，明确它们关系的强弱程度。

怎样使用它

本书中回归分析案例的范围非常受限，我们只能用简单的描述来进行一个简单回归分析，因此可以使用工作表来实现。这个案例不必事先了解统计学模型，因此我们不会描述最小二乘法，或者怎样决定斜率，以及剩余误差是什么。

1. 识别需要预测的变量，称为非独立变量。非独立变量通常用图形的 y 轴表示。
2. 识别你认为对上述非独立变量有合理的相关性的变量。独立变量使用图形上的 x 轴表示。
3. 尽可能多地收集独立变量和非独立变量对应的数据。
4. 在图上画出这些点，得到散点图。
5. 观察是否存在线性关系。
6. 在散点的中间画一条线，描述两个变量之间关系的趋势。如果你正在使用工作表软件，如 Excel，可以在图形设计标签下，使用增加图表的功能，使用趋势线选项，选择线性关系。

场景：你的项目是帮助通过电话提供支持的信息技术服务台改进客户满意度。

假设你想知道哪些变量会使得 IT 服务台的投诉增加。你有一个假设是，经验丰富的员工被投诉的可能性较少。为了验证这个假设，你选择了 10 个员工，每个员工都在服务台工作过。最新的一个员工在这个岗位上工作了 8 个月。最老的员工在这个岗位上工作了 64 个月。然后你就研究每个员工被投诉的次数，从 2 次到 13 次不等。

现在你来绘制一个图，将被投诉的数量作为一个独立变量它画在 y 轴上，将服务人员的工作月份数作为一个非独立变量画在 x 轴上，用 Excel①的话，你可以这样设置数据：

工作时长（月）	8	12	15	26	30	42	45	52	60	64
被投诉次数（次）	13	10	9	7	6	5	4	3	3	2

选中这些有数据的单元格，在插入标签中选择散点图（关于散点图的更多信息见第 3.10 节）结果如下：

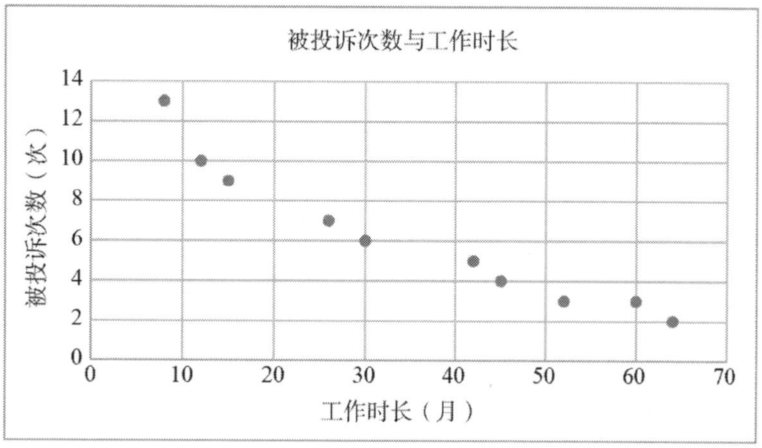

很显然，员工在岗时长和被投诉的次数成反比。换一句话说，雇员的在岗经验越多，被投诉次数就越少。最后一步要用图形设计标签，增加图形元素，在趋势线选项中选择线型。结果如下：

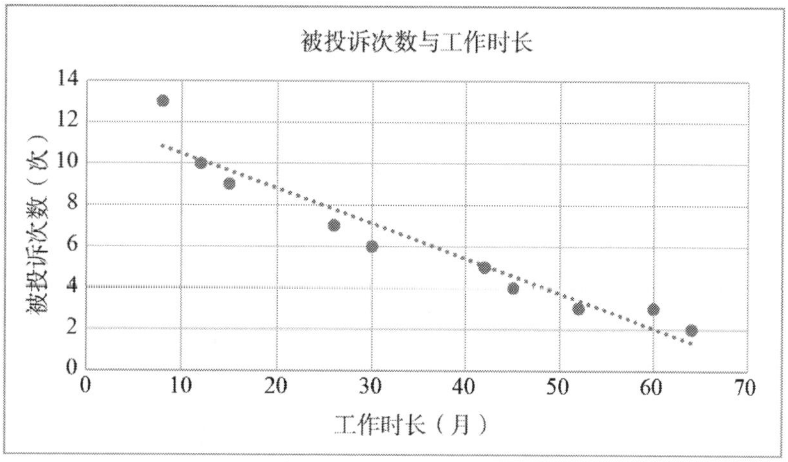

趋势线表明员工的预计被投诉次数和在岗时长有关。在此图中，新员工的被投诉次数比预计的多一些。但这可能只是数据异常，你需要持续几个月关注这个数字，看看它是否会下降到预计水平。

① 不同版本和不同操作系统下的 Excel 会有不同的功能和指令。你的软件可能有不同的选项和命名。功能应该是存在的，但是你可能需要用不同的方式来获取它。

补充信息

使用回归分析时有几点需要警惕：

- 确保你的数据是准确的。使用不准确的信息将导致你对状况的曲解或得到不准确的结果。
- 不要错误地将关联关系认为因果关系。不能仅因为你找到了两个变量之间的关联性，就认为一个导致了另一个发生。在上述案例中，经验丰富的员工的被投诉次数较少，可能因为他们多接受了一个培训，也可能他们和打入电话的人的关系较好，抑或他们有更好的办公环境，或其他变量因素。这个案例中的数据仅表示了在岗时间长的员工被投诉的次数较少，但这些数据没有说明为什么会产生这样的结果。
- 使用回归分析时，一定要和真实世界里的数据进行核验。换一句话说，不要过分依赖数字，要调研，和人们交谈，并且观察周围情况。
- 记住，数字并不是 100%的“预言家”。它可能是一个有用的指标，但它只是一个模型结果。

《项目管理知识体系指南》（第 6 版）相关章节

4.7 结束项目或阶段

2.10　储备分析

它是什么

储备分析是为了制定一个可达到的、合理的成本和进度基准，在进度和成本上确定一个合理的储备量。储备分析是在初始风险识别、分析和应对计划完成之后，在确定基准之前进行的一项工作。储备分析的作用是为了完成项目目标，在和项目相关的单个和整体风险上增加合适的时间和/或成本余量。

基准设立后，项目进入实质性开展阶段。你可以再次进行储备分析，查验近期项目在实施中是否已经显著使用了进度和成本储备。如果项目在进度上领先于计划且成本在预算范围之内，那么可以考虑释放一些储备。如果项目落后于进度计划，并且在成本上超支，那么应该考虑是否增加储备。

在进行储备分析时，你应该明确你是在评估应急储备还是管理储备。应急储备往往是针对已知风险事件或状况设置的，如果一个风险真的发生了，那么应急储备就可以用来应对，或用来降低风险带来的影响。往往在项目基准中已经包含了应急储备。

管理储备经常集中在项目层面，主要为了应对计划之外且范围之内的工作，或者之前没有预见到的事件。通常，项目基准中没有包含管理储备。如果一个项目是项目组合或项目集中的一部分，那么管理储备通常集中在项目组合或项目集上。一些项目仅需要使用应急储备，而另一些项目可能需要同时使用应急储备和管理储备。管理储备的使用通常需要由管理层慎重审核，因此一般不作为成本基准的一部分。

成本估算加应急储备组成成本基准，成本基准加管理储备等于项目预算。下图表示了项目预算是由哪些不同类型的储备组成的。

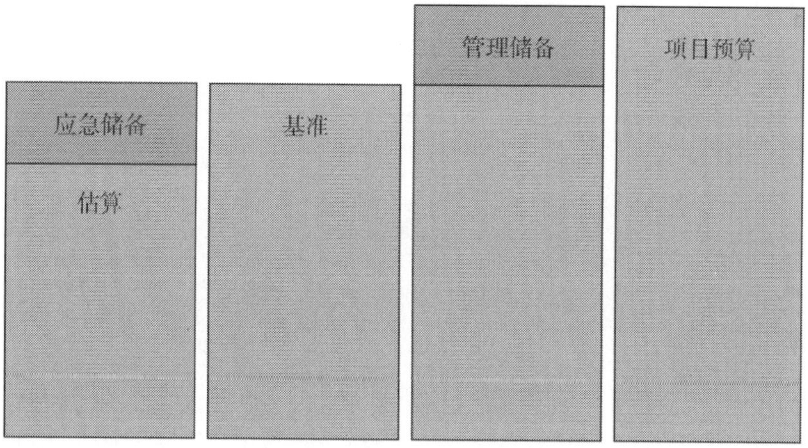

储备量是一个固定值，可以通过对整体的持续时间或预算设定百分比来获得，也可以通过一次仿真计算或其他定量分析方法来获得。

怎样使用它

下面这个案例讨论了一个成本预算的储备，在制定进度储备时同样可以使用这些步骤。使用这些步骤作为指导，根据你所在的环境，对这些步骤做必要的裁剪。

制定初始储备量：

1. 为项目的所有工作进行成本估算。

2. 用时间轴的形式对项目工作进行进度安排。

3. 为项目工作分配成本，从而得到整体预算表。

4. 进行项目整体风险识别、分析和应对设计，包括为那些可以被接受的风险制定的应对措施所需要的应急储备。

通过以上 4 个步骤的工作可以得到：

- 项目进度。
- 项目预算。
- 风险登记册。填写风险事件、可能发生的概率、对每个项目目标的影响和应对计划。
- 对项目整体风险的评估（如模糊性、可变性、波动性和不确定性等）。

5. 估算这些储备量时，你可能需要使用一种或多种下面的技术：

   a. 将所有单个风险的应急储备金额相加，选择一定的比例用于项目应急储备。

   b. 根据项目整体预算， 留出一定比例作为储备。

   c. 如果使用仿真软件，那么可以进行一次仿真计算，选择一个储备量，以达到你希望的项目置信水平。

对项目的整体风险储备进行评估：

1. 识别剩余的储备量。

2. 评估当前预算绩效（大于或小于预算，偏差为多少）。

3. 分析风险登记册和风险报告，判断项目剩余风险的数量。

4. 将剩余风险和剩余储备进行比较，判断剩余储备是否足够。

场景：你被要求满足 Top Dog 项目服务公司发展的需要。

你正协助宾夕法尼亚州办事处向一个新的办公园区租借一幢办公大楼，以适应公司雇员的快速增长。工作将分以下阶段进行：

- 组织
- 设计
- 装修
- 搬迁

在组织阶段，你编制了最初始的成本估算和预算。下面就是分类汇总的预算：

项目管理	\$56 250
设计	\$225 000
装修	\$731 250

续表

项目管理	$56 250
搬迁	$22 500
总计	$1 035 000

你的风险识别和分析表明下列各个阶段的风险敞口，用预算的百分比表示：

阶　段	按预算类型占比（%）	费　用
项目管理	5	$2 250
设计	11	$24 750
装修	8	$58 500
搬迁	固定金额	$4 500
总计		$90 000

这个项目看上去风险较低，但是你希望提高应急储备量，使之达到项目整体预算的 10%。所以你增加了 13 000 美元作为管理储备，以应对一些未知风险。

补充信息

为进度制定储备的一个最佳实践是：在每个阶段结束和关键可交付成果交付之前，设置一些储备，这样可以确保顺利到达这些里程碑。

《项目管理知识体系指南》（第 6 版）相关章节

6.4 估算活动持续时间

7.2 估算成本

7.3 制定预算

7.4 控制成本

11.7 监督风险

2.11 根本原因分析

它是什么

根本原因分析（Root Cause Analysis，RCA）是一种识别偏差，风险或缺陷发生的底层原因的技术。经常一有问题出现，人们就会冲过去，试图根据看到的表象解决问题。例如，发现进度落后，就希望通过压缩后续工作时间让项目整体进度回到正轨上来。根源分析的首要任务是通过对表象的挖掘和分析，找到事件、情况、系统、流程下究竟隐藏了什么导致事件或状况的发生。

进行根本原因分析的隐藏假设是：偏差、缺陷和风险的发生，都有其潜在的系统或流程上的原因。RCA的目标是根据问题追本溯源，在源头上解决问题。大部分缺陷或偏差可以归结为 3 类：

1. **物理原因**。物理原因包括物料缺陷、器械故障或环境问题，如微弱的光线、坏天气、混乱的指令等。

2. **人为原因**。人为原因主要是有人做了什么他本不应该做的事情，或者有人没有做他本来应该做的事情。

3. **组织原因**。组织原因是能指导工作或协助人们进行决策的政策、过程、体系或流程。

怎样使用它

使用以下步骤为指导原则。根据你的环境，裁剪那些步骤。

1. **定义偏差、缺陷或问题。**有些时候，非常清楚地阐述问题都可能是件非常困难的事，那么花一些时间整理问题描述是十分必要的。另一些时候，问题非常清楚，比如“我们超过预算 7 个百分点了”或者“可交付成果的功能没有达到标准”。

2. **收集所有关于偏差、缺陷或问题的事实和数据。**对那些复杂的问题，需要一些时间和精力来了解整个状况。对已经发生的问题，尽可能多地收集问题的不同侧面，从而最有效地完整了解整体情况。

3. **识别影响因子。**所谓影响因子是指可以增加偏差或使问题发生的可能性的事件、状况或环境。你可以使用“5 个为什么”方法，一直追问“为什么”，直到找到问题的根本原因。另一种技巧是一直追问“那会怎么样”来找到一个事实可能产生的后果。因果图是可视化展示所有影响因子的一个比较好的方法。

4. **分析影响因子。**找到潜藏的造成偏差、问题或风险发生的假设、过程、事件或体系。一旦追溯到那些影响因子，你会发现要解决问题，就需要解决一个或多个根本原因。

5. **建议并实施解决方案。**一旦识别了根本原因，你需要找到合理的能保证问题不再发生的步骤。你需要评估不同解决方案可能产生的风险，指派团队成员对问题进行跟进，并且在一段时间以后回头查验问题是否真的被解决了。

场景：你的项目是帮助通过电话提供支持的信息技术服务台改进客户满意度。

使用核查表（第 1.3 节）进行的调研结果，展示了 6 种类型的投诉。你决定使用根本原因分析的方法先对投诉最多的类型——暂停等候时间过长进行分析。总共 62 个投诉中有 22 个是这种类型（占 35%）。在这个案例中，很容易定义问题。

问题描述：客户对他们致电服务台后被暂停等候的时长不满意。

为了更好地了解情况，你收集了所有 ACD 报告，获得关于平均暂停等候时长、每日不同时间段的暂停等候时长、每周内不同日子的暂停等候时长，以及每个服务台雇员的平均暂停等候时长。你还和一些投诉人员及服务台雇员交谈，了解他们对于这个情况的反馈。你去服务台区域走了一圈，感受了一下那里的环境，你还翻阅了服务台工作手册。

你和服务台员工访谈时，询问了他们在什么情况下，他们会让电话那端的人暂停等候。你使用了“5 个为什么”的提问方法，直到你完全明白电话被暂停等候的各种情形。你开始着手绘制因果图（更多关于因果图的信息，见第 3.1 节），来识别暂停电话的主要原因。

根据对以上所有信息的评估，你识别了影响暂停等候时长的几个原因：

1. 服务台工作组去年增加了两名新员工，然而，团队所在区域无法提供足够的工位，他们只能在休息间旁边使用一部分工位。接电话期间，有时候会有很大的背景噪声或谈话声音。服务台员工需要暂停电话服务，在周围人谈话的间隙提醒谈话人降低音量，然后服务台员工才能专注于为打入电话的人服务。

2. 服务台提供服务的一部分系统是老系统。工作经验多的员工对这些系统熟悉，年复一年地累积了许多知识。这些系统的相关知识没有在线版本，所有相关文档都是纸质文档。所以在提供这方面的帮助时，服务台员工需要通过查找活页夹文件来找到能够帮助致电的信息。

3. 服务台新员工获得的关于老系统的培训非常少，他们大部分都是边干边学的。

在识别了以上 3 个暂停等候时长过长的根本原因后，你提出了以下建议：

1. 为服务台团队提供一个安静的工作场地。
2. 为服务台员工开发更高效的培训课程。
3. 为新员工配备一名有经验的员工作为导师。
4. 当呼入电话是关于老系统的，将电话转接到有经验的员工处，并让新员工旁听电话来熟悉这个系统。

补充信息

在一些项目里，你可能只需要找到是什么原因导致了可交付成果的延迟，分析过程可能相对较简单和快速。一些过程改进项目需要根据根本原因分析的结果来改进解决方案。这个过程的步骤可以根据你的需要来调整。

在追溯根本原因时，你需要运用一些常识。当找到一个根本原因时，你需要做出一个决策，是冒着可能有其他原因存在的风险而止步于这个原因，还是绕过这个可能有用的点继续寻找其他原因。

《项目管理知识体系指南》（第 6 版）相关章节

4.5 监控项目工作

8.2 管理质量

8.3 控制质量

11.2 识别风险

13.2 规划相关方参与

13.4 监督相关方参与

2.12 敏感性分析

它是什么

敏感性分析是一种建模工具，可用来表示一个输入（不确定因素。——译者注）的不同是怎样影响特定的一个输出（目标结果。——译者注）的。不同的行业出于不同的目的都可能使用敏感性分析。例如，使用敏感性分析来对天气变化、投资决策、经济预测等进行建模。大部分项目并不会大规模使用敏感性分析。更常见的情形是，在项目中需要识别对成本偏差和进度偏差产生最大影响的变量时使用。然而，在另一些大型项目中，可以看到敏感性分析在制订进度计划、制定预算及实施定量风险分析时运用。

敏感性分析可以用几种不同的方式进行。在项目中使用敏感性分析时，大多使用龙卷风图。因此，本章节假设人们更倾向于使用龙卷风图来进行敏感性分析。

有一些潜在的使用敏感性分析的场合。它们是：

- 识别可能导致进度偏差最大的变量。
- 识别可能导致成本偏差最大的变量。
- 识别可能导致技术绩效偏差最大的变量。
- 识别可能导致缺陷偏差最大的变量。
- 对环境条件或输入，以及项目的结果或输出之间的关系，进行最大限度的了解。

正如上文所述，有很多方法可以用于敏感性分析。本书重点关注一种简单的方法：先保持所有其他变量稳定不变，再系统性地评估一个因素对目标结果的影响（在敏感性分析的世界里被称为 OFAT）。通过进行 OFAT 分析，你可以识别出那些对目标结果有最大影响的因素（又称为最不确定来源），进而可以识别降低或消除不确定性的方法。

怎样使用它

使用以下步骤为指导原则。根据你的环境，裁剪那些步骤。

1. 选择你需要研究的输出（如进度、成本、技术绩效和缺陷等）。
2. 识别你认为对变量产生最重要影响的驱动因素（也称输入）。
3. 决定每个输入的最大和最小值。
   a. 你可以使用极端数据，或使用 10%～90%的分布数据。换句话说，就是在通常情况下，你期待的输出结果在 10%～90%的范围之内。
   b. 一些模型包含了预期值（也称为基准值或正常值）。
4. 确定在其他变量都稳定不变的情况下，根据被选中的输入的变化，得到输出的可能值。
5. 还原第一个输入到它的基准值，选择下一个变量。重复进行第 3 步和第 4 步，直到所有的变量都被分析。
6. 在横轴上使用那些对输出结果有巨大影响的变量。从上往下绘制图形，上端是影响最大的，下端是影响最小的。最终图形的形状有点像龙卷风，因此这个图也被称为龙卷风图。

场景：你的组织正在升级现有的项目管理办公室信息系统的基础架构，包括所有的新软件、云计算、协同站点和实时报表软件等。

本项目的目标是希望在市场上推出这个系统，用户以缴付月租费的方式订阅所有功能。这个项目将持续一年完成，因此只有到明年才有可能有项目收入。

决定推出这项功能，主要依据几个假设。你被要求识别出哪个假设对项目在第一年盈利有最大的影响，因此，项目利润就是你要研究的输出。

假设

1. 现有 12 500 名客户中的 40%将会在第一年启用新服务。
2. 公司在第一年的销售业绩会是新增 40%的客户。
3. 月租费是每月 250 美元。
4. 当前利率是 5%。
5. 维修成本是每年 45 000 美元。

根据这些假设。总销售额将达到 2 500 000 美元，净利润将达到 2 338 095 美元。

$$[(12\ 500\times40\%)+(12\ 500\times40\%)]\times\$250=\$2\ 500\ 000$$

$$(\$2\ 500\ 000-\$45\ 000)/1.05=\$2\ 338\ 095$$

你相信，这些假设数据将是影响利润的最关键因素。如果这些假设不能真实发生，你将无法达到利润目标。

于是你使用这些假设作为基准。在此基础上，你对销售和市场部、财务分析及 IT 部门进行访谈，以获取每个变量可能的最低和最高值。

在这个案例中，我们假设你仅使用工作表而没有其他宏或更复杂的计算工具。你的初始表格涵盖了假设的最低值、最高值和基准值，如下表所示：

	最低值	最高值	基准值
现有客户转入数	$2 500	$7 500	$5 000
新客户数	$3 750	$6 250	$5 000
月租费	$200	$350	$250
利率	1.04	1.06	1.05
维护成本	$40 000	$60 000	$45 000

注意上表中最右列的只是所有的假设基准数据。

你的第一次迭代保持新客户数、月租费、利率和维护成本在基准值上不变。然后计算假设转入新系统的老客户更多或更少时，整体销售额和净利率之间的关系。结果如下：

现有客户转化率		
	销售收入总额	净利润
基准值	$2 500 000.00	$2 338 095.24
最高值	$3 125 000.00	$3 082 142.86
最低值	$1 875 000.00	$1 742 857.14

接着你将转化率调整回基准值。下一步，你假设有更多的新客户或更少的新客户，进行最高值和最低值的计算。同样地，你将新客户数设回到基准值，依次使用月租费和维修成本进行计算。在进行了以上所有计算后，你最终得到下表，记录了每个变量的变化导致的输出结果的变化范围。

	最高值	最低值
现有客户转入数	$3 082 143	$1 742 857
新客户数	$2 635 714	$2 040 476
月租费	$3 290 476	$1 861 905
维护成本	$2 323 810	$2 342 857

这是些都是很有用的数据，但是为了简化分析，你可以从净利润基准开始，找到每个输入的变化对输出的不同影响。

	正向影响	负向影响
现有客户转入数	$744 048	$（595 238）
新客户数	$297 619	$（297 619）
月租费	$952 381	$（476 190）
维护成本	$4 762	$（14 285）

将这些信息转化为一个龙卷风图。按数值大小进行排序，从低到高，然后插入一个柱状图。最后得到下面的图形：

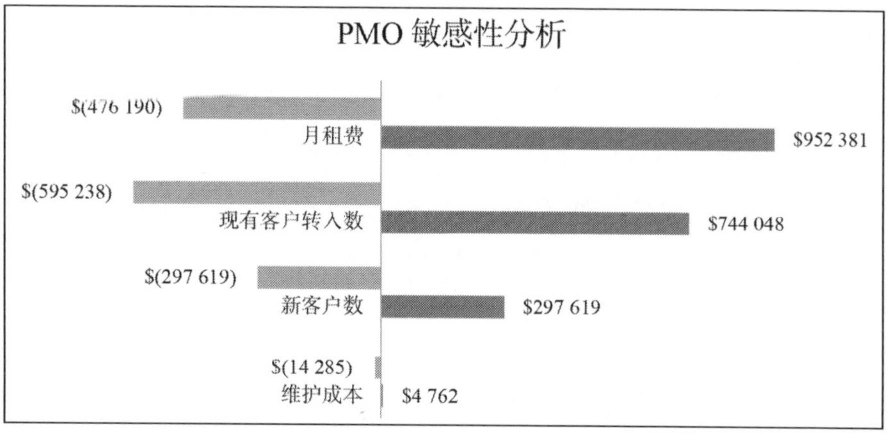

很显然，对利润来说，最大的驱动因素是月租费价格，然后是现有客户的转化数，接着是新客户数。维护成本对利润的影响很小。

敏感性分析并不能反映降低月租费对现有客户转换率或新客户数的影响。需要一个更复杂的软件来对多重变量之间的关系进行分析。

补充信息

《项目管理知识体系指南》将敏感性分析作为一种技术，来识别对目标结果有巨大影响的活动或成本。图中横道的长度表示影响的大小。横道越长，影响越大。

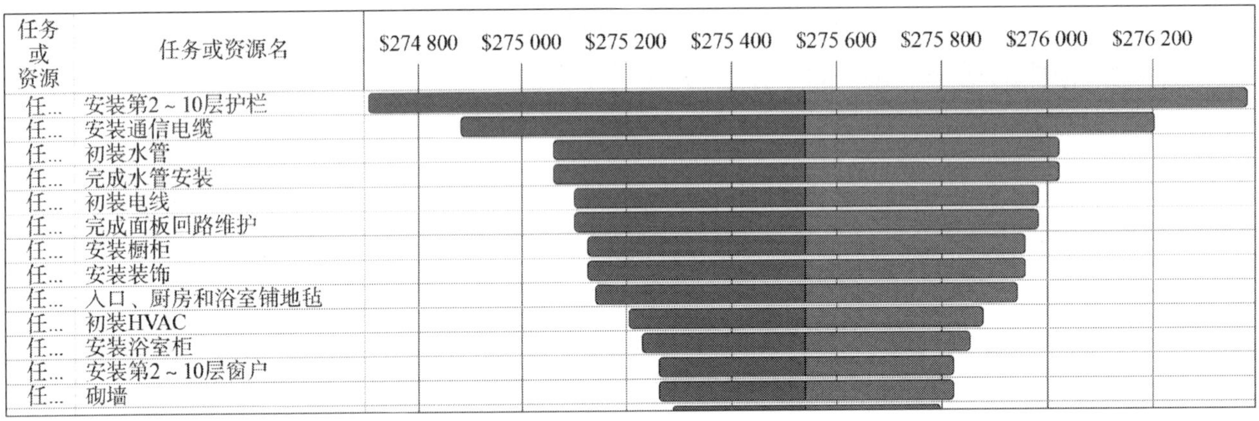

上图是项目活动的成本敏感性的一个示例。右边的横道表示超预算的可能金额。左边的横道表示预算之内的可能金额。

由敏感性分析获得的结果可以和假设情景分析结合使用（见第 2.17 节）。

在使用敏感性分析时，下面几点需要谨记：

- 在很多情况下，变量之间是相互关联的，也就是说，改变一个变量，而保持其他变量稳定不变是不现实的。变量之间的相互关联表示一次只关注一个变量会产生不现实的结果。有一些软件已经可以对多个变量之间相互关联而产生的更复杂的情况进行建模。除非你正进行一个大型项目，一般情况下你并不需要在分析中做到那样精确。
- 如果变量的最高值和最低值的假设数据是基于旧数据的，那么这些数据可能对当前情况并不有效。
- 任何估算天生就是主观的，因此模型数据并非事实，受制于操作者的偏见。

《项目管理知识体系指南》（第 6 版）相关章节

11.4 实施定量风险分析

2.13　相关方分析

它是什么

相关方分析用来收集和评估关于相关方的所有信息。相关方会影响项目的成果或被项目的成果所影响，相关方分析最终要决定如何让相关方更好地参与项目。这项技术的使用应该贯穿整个项目周期，因为相关方及他们的参与会根据时间而变化。相关方分析是相关方沟通和参与五步循环过程的基础①。

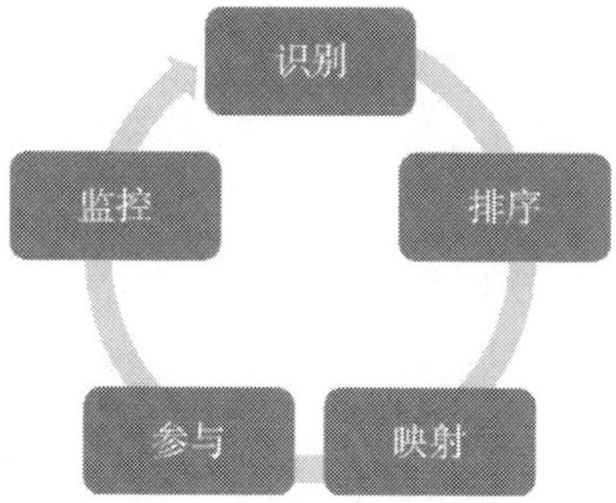

1. 识别项目的相关方，并理解他们的需求。
2. 对相关方进行优先级排序。
3. 映射数据。
4. 相关方参与。
5. 时时监督项目变化，评估相关方参与的效果。

怎样使用它

使用以下步骤为指导原则。根据你的环境，裁剪那些步骤。

1. 识别相关方，并收集和他们相关的信息。你可以评估的资料包括②：

- 态度：这个人会帮忙还是会阻碍工作？
- 组织层级：这个人在组织结构中的位置如何？是高还是低？是内部人还是外部人？是同事还是竞争对手？
- 兴趣：这个相关方对项目有积极的兴趣、被动兴趣，还是没有兴趣？
- 影响力：这个相关方改变项目的影响力有多大？
- 紧密度：怎样让这个相关方参与项目工作？
- 紧迫性：这个相关方是否意识到这个项目工作的重要性？

在那些有一个复杂且有影响力的相关方群体的项目中，需要收集以上所有的信息。对于小型项目，你可以仅关注每个相关方的影响力（向上、向下、向外或向侧）及他对项目的兴趣是怎样的。

---

① Based on work by Lynda Bourne and Patrick Weaver, *Mosaic Projects*. https://stakeholder-management.com/.

② Bourne, L. (2015). *Making Projects Work: Effective Stakeholder and Communication Management*. Boca Raton, FL: Young and Francis.

2. 对相关方进行优先级排序。有很多模型可以帮助你对相关方进行排序，其中的一种是评估相关方的影响力、紧密度和紧迫性从而进行排序。

a. 影响力是改变或暂停项目的能力。

b. 紧密度是相关方在项目中参与的程度。

c. 紧迫性是项目及其成果相对于这个相关方或其业务需求的重要程度。

3. 映射数据。使用图或表格的方法将以上信息表现出来是非常好的方法。下表就是一个根据影响力、紧密度、紧迫性勾画的相关方全景图。

相关方	影响力	紧密度	紧迫性
相关方 1	高	高	中
相关方 2	中	低	中
相关方 3	中	高	高
相关方 4	低	中	中

还有一种方法，可以根据态度、影响力和兴趣，用立方体[①]画出相关方的位置。

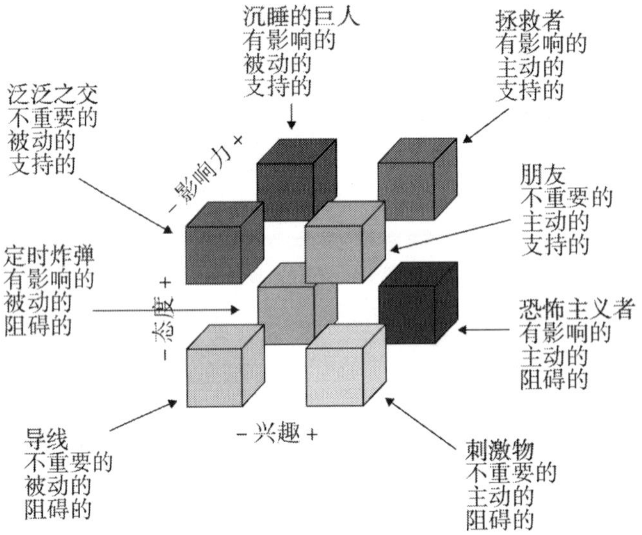

相关方分析主要用来协助制定相关方参与策略，并且在项目整个生命周期中监控该策略的有效性。

① Hillson, D. A., and Simon, P. W. (2012). *Practical Project Risk Management: The ATOM Methodology* (2nd edition), Management Concepts.

场景：你是一个项目经理，该项目要为你所在公司的员工建立一个托儿所。

在项目开始的初期，你进行了一次相关方分析，识别了以下相关方：

- 出资人
- 设施部
- 项目经理
- 项目团队
- 儿童家长
- 儿童
- 承包商
- 公司员工
- 保育员

根据你对每个相关方的了解、和他们进行的访谈，你得到了每个相关方对项目的影响力、与项目的紧密度（参与项目的程度），以及紧迫度（项目成功对他的重要性）。

据此，你制作了一张描绘相关方全景的表格。

相关方	影响力	紧密度	紧迫性
出资人	高	中	中
设施部	中	高	中
项目经理	中	高	高
项目团队	低	高	高
儿童家长	高	中	高
儿童	低	高	高
承包商	低	高	低
公司员工	低	低	低
保育员	中	低	高

这些信息将指导你如何与这些相关方交流，以及如何使他们参与到项目中来。当项目中出现新的相关方的时候，你会将他们加入你的图表中，并且更新你的分析结果。如果你的相关方参与策略并不如你料想的那么有效，那么你需要重新进行相关方分析，看看你对某个相关方的评估是不是错了。

补充信息

在进行相关方分析时，你可以考虑使用以下相关方分类[①]：

- 接受程度：和这个相关方的沟通是否容易？
- 支持程度：这个相关方是支持还是反对项目工作？
- 影响力：与这个相关方的联结如何？
- 正当性：这个相关方是否有一定的资格可以去咨询他？

《项目管理知识体系指南》（第 6 版）相关章节

11.1 规划风险管理

13.1 识别相关方

13.4 监督相关方参与

① Bourne, L. (2015). *Making Projects Work: Effective Stakeholder and Communication Management*. Boca Raton, FL: Young and Francis.

2.14　SWOT 分析

它是什么

SWOT 分别代表优势（Strength）、劣势（Weakness）、机会（Opportunity）和威胁（Threat）。在产品开发项目中，经常使用 SWOT 方法来确定商业论证。还可以在批准项目进行之前，或者在项目进行之中用 SWOT 分析技术对风险进行评估。

SWOT 分析对一个组织的内部和外部各方面进行分析。

- 内部因素是指组织的优势和劣势。
- 外部因素是指组织的机会和威胁。

进行 SWOT 分析的目的可以是以下这些：

- 优势是该组织具有领先地位的方面，或者是其他做得好的地方。
- 劣势是使得该组织在市场中落后的方面，或者是组织需要改进的部分。
- 机会是在外部环境中一个组织可以利用的优势，或者是可以让公司的业务地位提升的可利用的机会。
- 威胁是外部环境中可能阻碍业务发展，或者对组织所处的业务地位产生负面作用的问题。

识别优势和劣势时可以从以下方面进行考虑，包括：

- **人力资源**。你的资源有足够你需要的技能和可用性吗？
- **物力资源**。你有合适的场地、设备、供应商和物料吗？
- **财务**。你有充足的资金吗？
- **系统**。你有够用的系统和流程吗？
- **专家**。你有所需要的有经验的专家吗？
- **知识资本和产权**。你有版权、专利，以及其他有优势或没有优势的知识产权吗？

识别机会和威胁时可以从以下方面进行考虑，包括：

- **政治环境**。对你想达到的目标来说，政治环境是有利的还是不利的？是友好的还是不友好的？
- **经济**。你所在的市场经济状况处于健康状况还是下降趋势？
- **汇率**。如果你正在进行的是一个国际项目，那么当前的汇率是你希望的吗？
- **行业发展趋势**。你所在的行业是在增长还是在缩减中？
- **地点**。你的地点是有优势的还是劣势的？
- **法律和规章**。法律要求是不是对你的选择进行了约束，或者使你在某方面胜过别人？

怎样使用它

既然目标是对内部和外部环境进行大范围了解，那么 SWOT 分析就需要来自不同源头的输入。你可以使用这本书中描写的其他技术来帮助你进行 SWOT 分析，比如头脑风暴（第 1.2 节）、焦点小组（第 1.5 节）和思维导图（第 3.6 节）。使用以下步骤为指导原则。根据你的环境，裁剪那些步骤。

1. 识别项目内部和组织内部的优势和劣势。

2. 识别组织外部的机会和威胁。
3. 评估怎样将优势转化为机会或减少威胁。
4. 了解劣势是怎样阻碍机会或增加威胁的。

场景：你被要求满足 Top Dog 项目服务公司发展的需要。

由于在家办公试验项目的成功，你正在扩展项目范围。在项目启动之前，你想要理解组织内部的那些可以帮助项目成功或有可能阻碍项目实施的方面。你还想知道这个项目是否还存在一些机会可以让你抓住，或者是否有一些新出现的挑战？这些信息将被记录在风险登记册中，作为项目实施的一部分，你应该有针对性地制定一些适当的应对方法。

你从 HR、IT、合规部和运营部组织了一小批人。你要求他们在头脑风暴其他内容之前，先围绕以下主题讨论优势和劣势：

- 人力资源
- 物质资源
- 系统、过程和政策

一旦这群人总结了所有他们可以想到的内容之后，你就组织他们继续讨论外部威胁和机会。同样地，在机会挑战方面，你要求这群人在头脑风暴其他内容之前，先专注于讨论以下主题：

- 工作市场
- 行业趋势
- 法律和规章

当这群人提供了所有他们可以想到的内容之后，你对他们的帮助表示感谢。你将这些讨论出来的内容作为风险登记册的一部分，识别和项目相关的所有风险和机会。

补充信息

很多项目会忽略对机会的管理。识别内部优势是一个很好的帮助你的项目和你所在的组织抓住机会的方法。

《项目管理知识体系指南》（第 6 版）相关章节

11.2 识别风险

2.15　技术绩效分析

它是什么

技术绩效分析是将计划技术成果和实际技术成果进行比较。这项分析技术经常在系统工程、信息技术和国防工程类项目中使用。运用这项技术需要你有一定的识别能力，识别出可量化的目标，后期才能衡量项目的进展。

可量化的需求或能力举例如下，但不限于这些：

- 重量
- 大小
- 交易时间
- 错误或缺陷
- 可用性

怎样使用它

使用以下步骤为指导原则。根据你的环境，裁剪那些必要的步骤：

1. 识别为了达成项目目标所需要的能力。
2. 定义为了获得该项能力需要的技术和操作规程或度量标准。
3. 定义何时需要达成上述技术和操作规程或度量标准。
4. 决定用来跟踪进展的绩效考核周期。
5. 进行衡量。
6. 若存在偏差，则分析该偏差对项目意味着有什么机会或威胁。

场景：你管理了一个为公司开发新网站的项目。

你定义的技术能力和衡量标准如下：

能　　力	量化标准
每分钟点击量	2 500 次
网页平均加载时长	0.001 秒
网站可用性	99%

你决定以周为单位提升网站点击量。你希望看到网站在不宕机的情况下，每周的每分钟点击量可以提高。你设置了考核时间是每周五下午 4 点。下图表示和需求相比项目的进展。

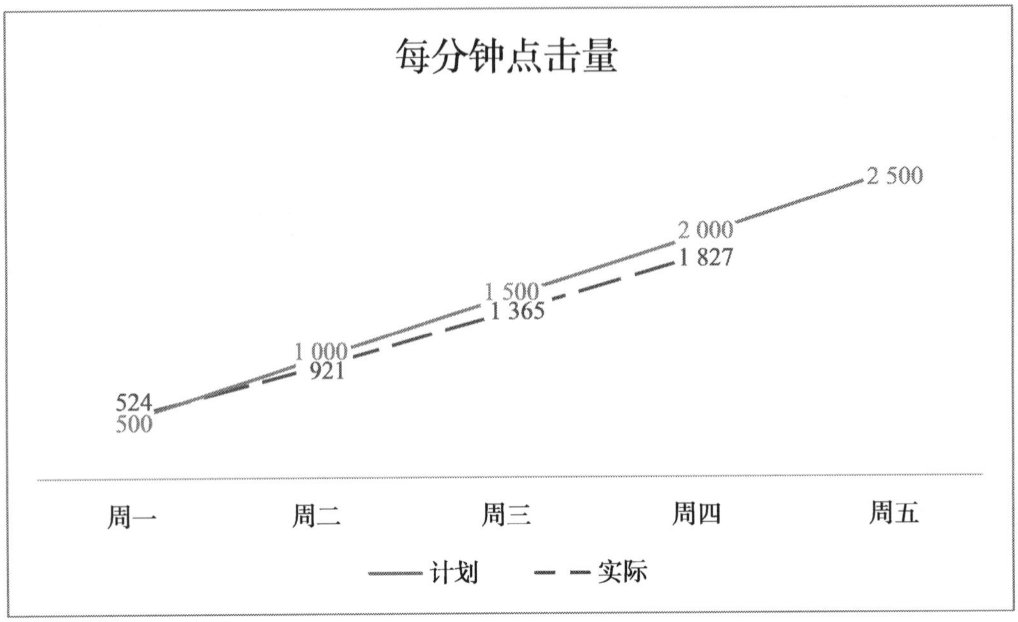

根据上述数据，你可以看到你的技术绩效表现是落后于计划的。希望可以在第 5 周结束时达到 2 300 次左右。你需要确定这个绩效偏差是否表示项目目标范围或进度有风险，如果是的话，制定一个合适的应对方法。

补充信息

技术绩效技术通常和燃烧图或燃尽图一起使用，以表示绩效和期望的对比关系。在监督风险过程中使用时，需要对技术绩效偏差进行分析，确认它是否会给项目范围、进度或成本带来风险。

《项目管理知识体系指南》（第 6 版）相关章节

11.7 监督风险

2.16　偏差分析

它是什么

偏差分析对计划产出物（通常是基准）和实际绩效进行比较得到的偏差的数值进行衡量。

可以在下列偏差中使用偏差分析：

- 进度日期
- 支出
- 资源利用率
- 质量指标
- 技术绩效

最基本的一点是，如果可以测量，那么就可以进行偏差分析。

怎样使用它

使用以下步骤为指导原则。根据你的环境，裁剪那些步骤。

1. 确定你的计划或目标测量值（如日期或美元数）。
2. 计算你的实际结果。
3. 识别产生偏差的原因（如果不是直接的原因）。
4. 判断这个偏差是否有预防措施来保障或需要采取什么纠正措施。

场景：你被要求满足 Top Dog 项目服务公司发展的需要。

你正在爱达荷福尔斯（美国地名）为 Top Dog 项目服务公司服务。你正在重新改建旧城中心建筑作为城市更新项目的一部分。建筑改造的一部分工作是在室内放置钢框架。你正在跟踪钢框架项目的成本和进度绩效。

你在这个项目上的预算是 200 000 美元。工作已经结束，你开始检查你雇用工人和采购原料的发票，发现实际花费是 206 032 美元。仔细查阅雇用工人的发票，你发现工人的单价比估计的高，工时数也比估算的多。预计和实际的人工单价和工时数如下：

预计单价	28 美元
实际单价	30.25 美元
预计工时	960 小时
实际工时	1 088 小时

要了解单价偏差对项目造成的影响，你用预计单价减实际单价，再乘以实际工时。

（预计单价–实际单价）×实际工时

（$28–$30.25）×1 088 = –$2 448

要了解工时偏差对项目造成的影响，你用预计工时减实际工时，再乘以预计单价。

（预计工时–实际工时）×$28

（960–1 088）× $28 = –$3 584

因此，你得到结果，2 488 美元的偏差是由单价的变化引起的，而 3 584 美元的偏差是由耗费工时的不同引起的。在这个时间点上，内框架项目的工作已经完成，你有足够的储备来应对 6 032 美元的偏差，因此就不需要再采取其他行动了。

补充信息

你可以用同样的方法来计算材料偏差。你可以比较单件成本和使用的总件数的差异，这个分析也可称为成本/使用偏差。

偏差分析经常在挣值管理中使用。3 种经常使用的挣值偏差公式是：

进度偏差（SV）：SV = EV–PV

成本偏差（CV）：CV = EV–AC

完工偏差（VAC）：VAC = BAC–EAC

《项目管理知识体系指南》（第 6 版）相关章节

4.5 监督项目工作

4.7 结束项目或阶段

5.6 控制范围

6.6 控制进度

7.4 控制成本

2.17　假设情景分析

它是什么

假设情景分析对各种情景、风险事件或状况进行分析，预测它们对项目目标的影响。假设情景分析主要用在分析事件或状况对项目进度或预算的影响上。

假设情景分析在进度计划中使用的例子有：

- 分析增加、减少或改变资源的影响。
- 分析范围变更的影响。
- 如果风险事件或条件发生，评估现有计划的可行性。
- 识别为了应对不确定性，需要在进度上预留的储备。
- 分析快速跟进的影响。
- 分析缩减项目范围的影响。

假设情景分析在预算中使用的例子有：

- 分析劳动力或物料价格变化对预算的影响。
- 分析劳动力或物料数量的变化对预算的影响。
- 分析范围变化对预算的影响。
- 识别通货膨胀对预算的影响。

假设情景分析也经常使用在风险管理中。一方面可以了解风险事件对项目的影响，另一方面可以协助确定项目进度和预算储备的需要量。

怎样使用它

使用以下步骤为指导原则。根据你的环境，裁剪那些步骤。

1. 从项目的进度或预算基准的一份拷贝开始。
   a）你可以在进度计划右边增加一列，写上“开始 1”，“开始 2”等，即不同的开始日期，这样的话你就不必每次都使用一份新的进度拷贝。
   b）很多表格工具给你提供了可以在特定字段输入替代数字的可能，这就是假设情景分析类软件的功能之一，可以让你进行情景建模。
2. 识别并记录你希望建模的场景，如果你有的话，记录相应的假设和估算基准。
3. 对进度计划或预算计划进行修改，使之能反映你希望的假设情形。
4. 将修改后的情形和基准进行比较。
   a）对进度计划来说，你可以找到假设情景对关键路径、资源使用率、开始或结束日期和持续时间的影响。
   b）对于成本来说，你可以评估假设情景对人力资源成本、物料成本、资金需求或其他变量的影响。

建模技术

项目有如此之多的不确定性，因此很难预测它的实际持续时间、将来可能的风险、相关方的问题、资源可用性等。能够应对项目不确定性的方法之一，就是从不同的可能性出发，对项目可能产生的影响提前思考，看看不同的场景，对项目进度会有什么影响。

例如，当一个原本需要全部投入的关键资源，实际只有一半时间可用怎么办？或者，一个关键组件延迟交付了怎么办？又或者因为设计的原因造成返工怎么办？上述这些情况，在项目中会普遍出现。使用若干进度场景的假设，可以帮助你在问题实际发生前，识别它们对项目的影响。你需要对这些问题调整进度，更新风险登记册，制定相应的应对方案，从而降低它们对进度可能造成的影响。

场景：你的组织正在升级现有的项目管理办公室信息系统的基础架构，包括所有的新软件、云计算、协同站点、实时报表软件等。

本项目的目标是希望在市场上推出这个系统，用户以缴付月租费的方式订阅所有功能。这个项目将持续一年完成，因此只有到明年才有可能有项目收入。

决定推出这项功能，主要依据几个假设。你被要求识别出哪个假设对项目在第一年盈利有最大的影响。因此，项目利润就是你要研究的输出。

假设

1. 现有 12 500 名客户中的 40%将会在第一年启用新服务。
2. 公司在第一年会新增 40%的客户。
3. 月租费是每月 250 美元。
4. 当前利率是 5%。
5. 维修成本是每年 45 000 美元。

根据这些假设。第 2 年的总销售额将达到 2 500 000 美元，净利润将达到 2 338 095 美元。

$$[(12\,500\times40\%)+(12\,500\times40\%)]\times\$250=\$2\,500\,000$$

$$(\$2\,500\,000-\$45\,000)/1.05=\$2\,338\,095$$

项目要求你研究一下，如果现有客户转化率、新客户获取率比预计的要差，那么会对项目产生怎样的影响？你决定进行两种预算场景的分析。

选项 1：假设现有客户的转化率为 20%、25%、30%和 35%，同时维持有 40%的新客户不变。

选项 2：假设老客户的转化和新客户的开发都为 20%、25%、30%和 35%。

你觉得根据不同的老客户转化率和新客户开发率而带来的不同结果，将给财务风险分析提供足够的信息。你的计算如下：

转化率	现有客户	现有客户 加新客户
40%	$2 338 095	$2 338 095
35%	$2 189 286	$2 040 476
30%	$2 083 333	$1 785 714
25%	$1 891 667	$1 445 238
20%	$1 832 143	$1 207 143

你将这些数据用图绘制出来，得到特定的转化率相对应的利润曲线。

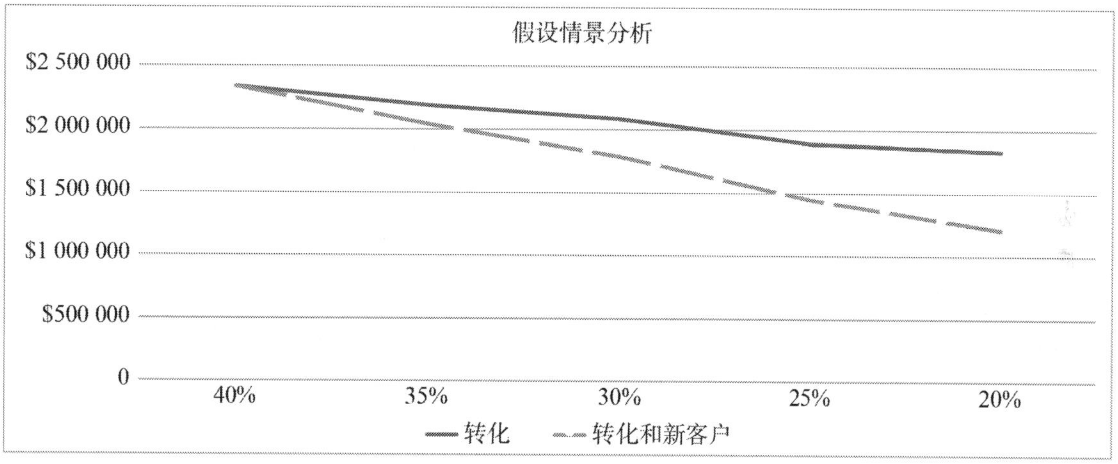

补充信息

假设情景分析和敏感性（第 2.12 节）分析很相似，但使用假设情景分析，你可以查验多个变量同时变化对项目的影响。当然你同样可以制定基于一个事件的场景，而不是基于一系列的变化。

《项目管理知识体系指南》（第 6 版）相关章节

6.5 制订进度计划

第 3 章

数据表现

Data Representation

3.0 数据表现技术

为了真实理解数据告诉了你什么，有些时候需要用图形来探究数据。俗话说一图胜千言。这部分将介绍的技术可以用来帮助将数据转化为可视的图形，从而帮助你组织项目，或者了解项目正在发生着什么。

这里介绍的技术大部分是从质量管理开始的，如控制图、因果图和直方图。我们使用其中的一些图来组织信息，如资源分解结构或责任分配矩阵；另一些技术则用来帮助解决问题，如因果图。

本章将介绍的技术有：

- 因果图
- 控制图
- 流程图
- 直方图
- 逻辑数据模型
- 思维导图
- 概率和影响矩阵
- 资源分解结构
- 责任分配矩阵
- 散点图
- 相关方映射分析

你将学到的这些数据表现技术，有一些已经被普遍使用，比如流程图和思维导图；另一些则用在特定场合，如概率和影响矩阵，以及相关方映射分析。

使用数据表达技术时，你会发现拿一支铅笔一张纸，尝试将情形画出来是很容易的事。例如，流程图可以是一个非常不正式的图。还有一些时候你会发现用软件来绘画更方便，如你可以用表单或其他图形软件来生成一个直方图或散点图。

曾经有一次在一个演讲稿中我需要总结呈现相关方的所有信息，那时我发现使用图表是非常有用的方法。如本章介绍的这些方法，能帮助我们把一个点讲透，或者把枯燥的数字转化为鲜活的图像。

3.1 因果图

它是什么

因果图展示了可能导致潜在风险或缺陷的输入或变量。从缺陷开始向前追溯，你可以问：这是怎么发生的？为什么会发生？这些问题最终会归结到可能产生缺陷的潜在原因，即过程或产品的输入。在因果图中你可以对每个分支进一步分叉，直到你找到足够详细的细节，以便识别问题产生的原因。

下图是一个经典的因果图，它有 6 个可能产生问题的原因：环境、测量、能源、人员、设备和时间，其中两个还有子原因。

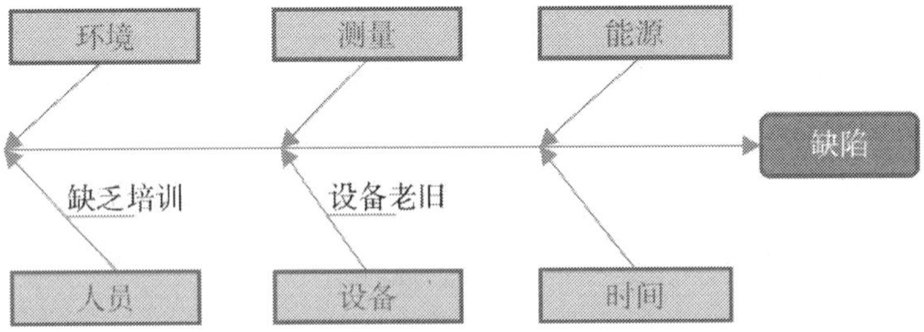

正如上图所示，因果图可以是非常简单的；当然，它也可以更为复杂，有很多分支，原因之间还可能有相互的关联关系。

怎样使用它

你可以自己一个人进行因果图分析，当然你也可以像下文所说的那样，和一群人数不多但有足够知识的人一起，得到更好的结果。

1. 定义问题陈述（这是你想要的产出或想要解决的缺陷）。
2. 对于可能产生问题的原因进行头脑风暴，如果你觉得识别类型有困难，那么可以使用上述案例中的分类法。
3. 针对每类原因询问“为什么会发生”。
4. 每个答案可以成为这个分支上的一个子类型。
5. 继续询问“为什么”，深入挖掘每个子类型，直到完成图上的每个分支。

场景：你的项目是帮助通过电话提供支持的信息技术服务台改进客户满意度。

电话拨入者感到不满意的主要原因之一，是他们认为被暂停等待的时间太长。你召集服务台员工举行一个会议，和他们一起头脑风暴那些可能需要暂停电话的原因。

因果图

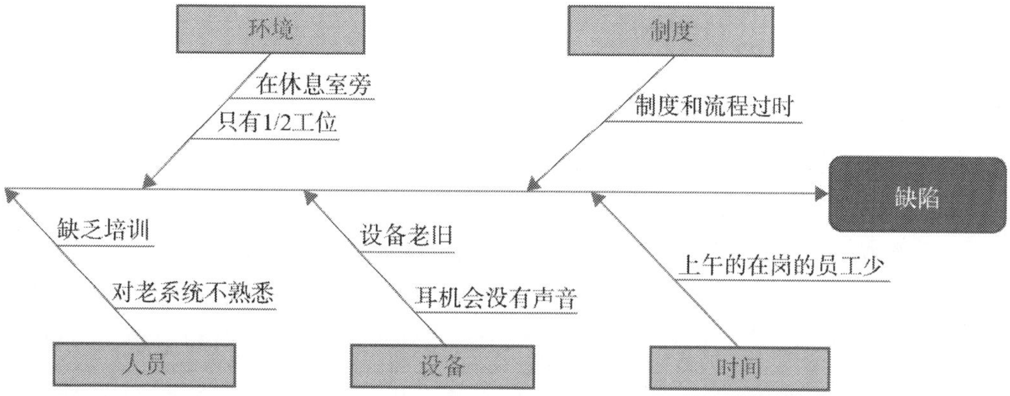

对于上图补充说明的解释有：

- **时间**：一周中的哪一天对服务台在线服务人员数量有影响。
- **制度**：服务台的工作有一些制度和流程要求，但那些容易被拿到的，往往都是过时的。
- **设备**：服务台员工的耳机非常老旧，有的时候会没有声音。对于老系统，没有电子版的培训文件，只有过时的纸质手册。
- **衡量方法**：自动电话分配系统（ACD 系统）的自动指标收集方法，是从服务人员接电话开始算的，而不是从拨入者进入 ACD 队列时开始算的。
- **人员**：有两名相对新的同事，没有经过正式培训。尽管一些成员拥有技术能力，但他们对老系统并不熟悉。
- **工作环境**：服务台的雇员没有足够的工位，他们的座位非常靠近休息室，有其他同事在那里聚集并交流，产生很多背景杂音。

补充信息

因果图，也被称为鱼骨图或石川图。

在进行根本原因分析（第 2.11 节）时，可以使用因果图来展示原因和潜在原因。

《项目管理知识体系指南》（第 6 版）相关章节

8.2 管理质量

8.3 控制质量

3.2 控制图

它是什么

控制图是按时间用图形展示的过程。绘制数据点，与中心线（平均线）及上下控制界限进行比较。控制图通常用于生产或工厂环境，可以用来衡量生产过程的结果。当然，也可以用它来衡量项目的结果，比如缺陷数、成本和进度偏差，或者其他可预计的项目事件。

举个例子，你的项目会产生成本和进度偏差是显而易见的，然而你希望确认它们是否在一个可接受的范围之内（公差范围）。你可以使用控制图来跟踪偏差、观察趋势，并且监督成本和进度绩效。

控制图通过对一个过程绩效的衡量来确认情况是否在控制范围之内。当一个过程在控制范围之内，那么过程的结果和预期是一致的。当一个过程脱离了控制，那么其结果也会超出范围或出现预料之外的结果。在规划质量时，为了确定过程是否在控制之中，可以使用过程控制图来帮助确定过程和公差水平。

当使用控制图对过程进行统计分析时，上控制界限和下控制界限与中线的距离，应为 ± 3 个标准差。规格线代表从中线开始的一个可接受的偏差范围，这意味着落在上下规格界线之间的结果都是可以接受的，落在上下规格线之外的结果是不可以接受的。规格线构成的区域可能比控制界限构成的区域大或小。上下规格线是根据质量需求或质量测量标准定义的。如果一个测量结果非常接近控制界限或上下规格线，那么你需要及时采取行动，使得它能尽快回到中线附近。

怎样使用它

使用以下步骤为指导原则。根据你的环境，裁剪那些步骤。

1. 在进行产品或项目质量规划时，确定你需要使用控制图检查的对象。

2. 确定上下控制界限和/或上下规格线。如果你要进行的不是统计过程分析，那么你就不需要在中心线±3 个标准差上设置上下控制界限。无论你所关注的目标是什么，只需要根据项目允许的偏差范围来设置上下规格线。

3. 在工作表的一列输入你需要测量过程的时间间隔，比如每日、每小时、每周或其他。

4. 在下一列中，输入测量结果。

下表的两列数据展示了第二季度的每周对成本绩效指数（关于成本绩效指数 CPI 的内容，见第 2.8 节）进行跟踪测量的结果。

周	CPI
4/1	0.97
4/8	0.98
4/15	0.99
4/22	0.96
4/29	0.95
5/6	0.93
5/13	0.91

续表

周	CPI
5/20	0.88
5/27	0.89
6/3	0.92
6/10	0.94
6/17	0.95
6/24	0.95

5. 在测量结果的下一列（在本案例中 CPI 列的右边）输入平均值或目标。如果你正在进行统计过程分析，那么你需要使用统计平均结果。在我们的案例中，输入目标值。CPI 的目标值是 1.0。

6. 在平均值或目标值的右边列，输入你的控制上限（UCL）和控制下限（LCL）。现在这张表格应该是这样的：

周	CPI	目标	UCL	LCL
4/1	0.97	1.00	1.1	0.9
4/8	0.98	1.00	1.1	0.9
4/15	0.99	1.00	1.1	0.9
4/22	0.96	1.00	1.1	0.9
4/29	0.95	1.00	1.1	0.9
5/6	0.93	1.00	1.1	0.9
5/13	0.91	1.00	1.1	0.9
5/20	0.88	1.00	1.1	0.9
5/27	0.89	1.00	1.1	0.9
6/3	0.92	1.00	1.1	0.9
6/10	0.94	1.00	1.1	0.9
6/17	0.95	1.00	1.1	0.9
6/24	0.95	1.00	1.1	0.9

7. 如果你还需要将绩效和上下规格线（USL 和 LSL）进行比较，那么在上下控制界限之后输入它们。

周	CPI	目标	UCL	LCL	USL	LSL
4/1	0.97	1.00	1.1	0.9	1.05	0.95
4/8	0.98	1.00	1.1	0.9	1.05	0.95
4/15	0.99	1.00	1.1	0.9	1.05	0.95
4/22	0.96	1.00	1.1	0.9	1.05	0.95
4/29	0.95	1.00	1.1	0.9	1.05	0.95
5/6	0.93	1.00	1.1	0.9	1.05	0.95

续表

周	CPI	目标	UCL	LCL	USL	LSL
5/13	0.91	1.00	1.1	0.9	1.05	0.95
5/20	0.88	1.00	1.1	0.9	1.05	0.95
5/27	0.89	1.00	1.1	0.9	1.05	0.95
6/3	0.92	1.00	1.1	0.9	1.05	0.95
6/10	0.94	1.00	1.1	0.9	1.05	0.95
6/17	0.95	1.00	1.1	0.9	1.05	0.95
6/24	0.95	1.00	1.1	0.9	1.05	0.95

8. 选中以上所有数据，在插入标签中选择线状图，绘制的图形结果应该是这样的。

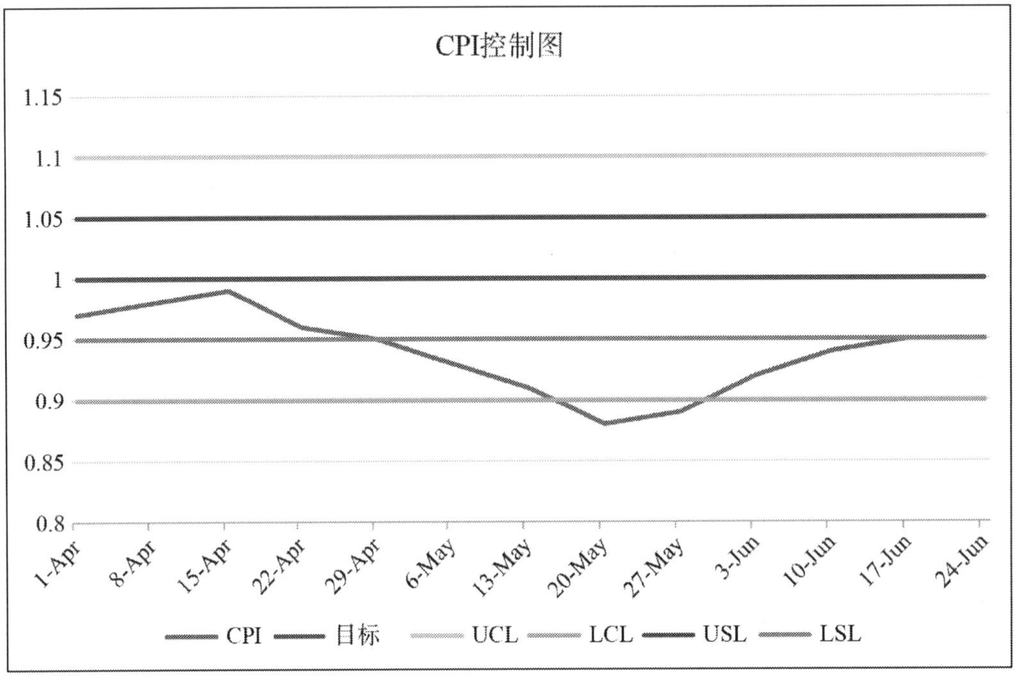

场景：你的项目是帮助通过电话提供支持的信息技术服务台改进客户满意度。

IT 服务部门现在面临的一个问题是从电话打入到有人应答的时间很长。你决定使用一个人在一天里不停地打入电话来跟踪这个时长。服务台雇员的工作时间是上午 6:00 到下午 8:00。ACD 系统将会对从打入电话到有人接听的平均时长数据进行收集。

当前的政策要求一个接入电话必须在 60 秒之内有人接听（不是机器）。因此你将目标设置为 60 秒，同时你设置了上规格线为 90 秒，下规格线为 5 秒，你的表格应该看上去是这样的：

时间	等候秒数（s）	目标	LSL（s）	USL（s）
6:00 AM	15	60	5	90
7:00 AM	23	60	5	90
8:00 AM	63	60	5	90
9:00 AM	88	60	5	90
10:00 AM	108	60	5	90
11:00 AM	104	60	5	90
12:00 PM	88	60	5	90
1:00 PM	113	60	5	90
2:00 PM	82	60	5	90
3:00 PM	72	60	5	90
4:00 PM	54	60	5	90
5:00 PM	23	60	5	90
6:00 PM	40	60	5	90
7:00 PM	18	60	5	90
8:00 PM	9	60	5	90

你画的一个线状图是这样的。

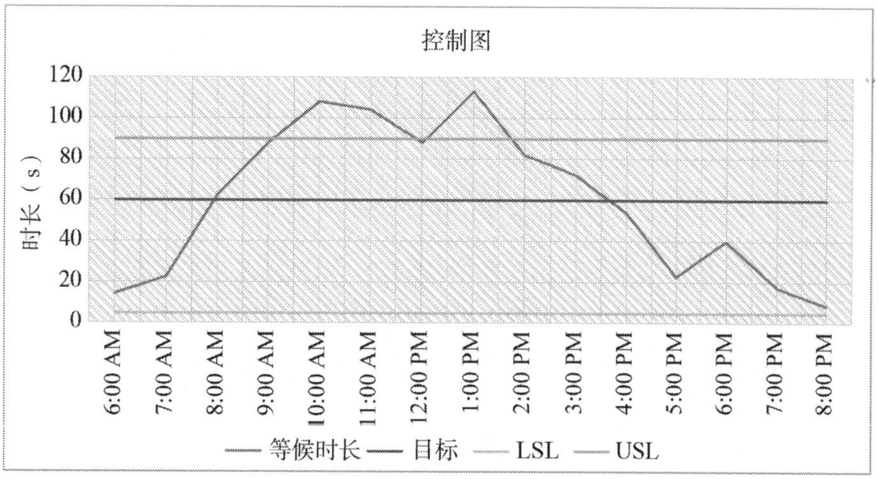

从上午 10:00 到正午 12:00，从下午 1:00 到 2:00，这两个时间段内的平均接入时长大于上规格线。你可以使用这个信息来帮助调整每日中间时间段的雇员配备，或者制定其他解决方案。

补充信息

你可能听说过关于控制图的 7 点原则。7 点原则是，如果 7 个数的趋势为同一个方向（上升或下降），或者 7 个数都在中线的同一侧，那么表示这个过程的结果并不是随机的。这就意味着你需要检查整个过程来确定是否有一些因子对过程产生了影响。这将成为一个特殊原因变量，因为在一个随机过程中，你基本不会发现这种类型的行为出现。

《项目管理知识体系指南》（第 6 版）相关章节

8.3 控制质量

3.3 流程图

它是什么

流程图通过识别过程中所有的输入、行为、输出和决策点对过程进行建模。你可以使用流程图对过程进行定义、规范化沟通。

流程图经常在过程改进项目中使用。通过检查一个过程的流程图，你可以识别出瓶颈和冗余，或者消除没有价值的步骤。

怎样使用它

你可以将所有的步骤手画在一张纸上。另一个很有用的办法就是用便利贴，每张贴纸就是过程中的一步。当然你也可以使用流程图软件来制作流程图。

1. 识别过程中的每一步。
2. 通过提问“哪个步骤先开始”或者“这个步骤之后我应该做什么”来排序所有的工作。
3. 将所有的工作按顺序用箭头关联起来，形成一个流程图。

场景：你的项目是帮助通过电话提供支持的信息技术服务台改进客户满意度。

解决问题的第一步是绘图，将来电人需要经过的所有步骤都包括进去。工作的结果是一张流程图，包括来电人尝试接通服务台电话经历的每个步骤。

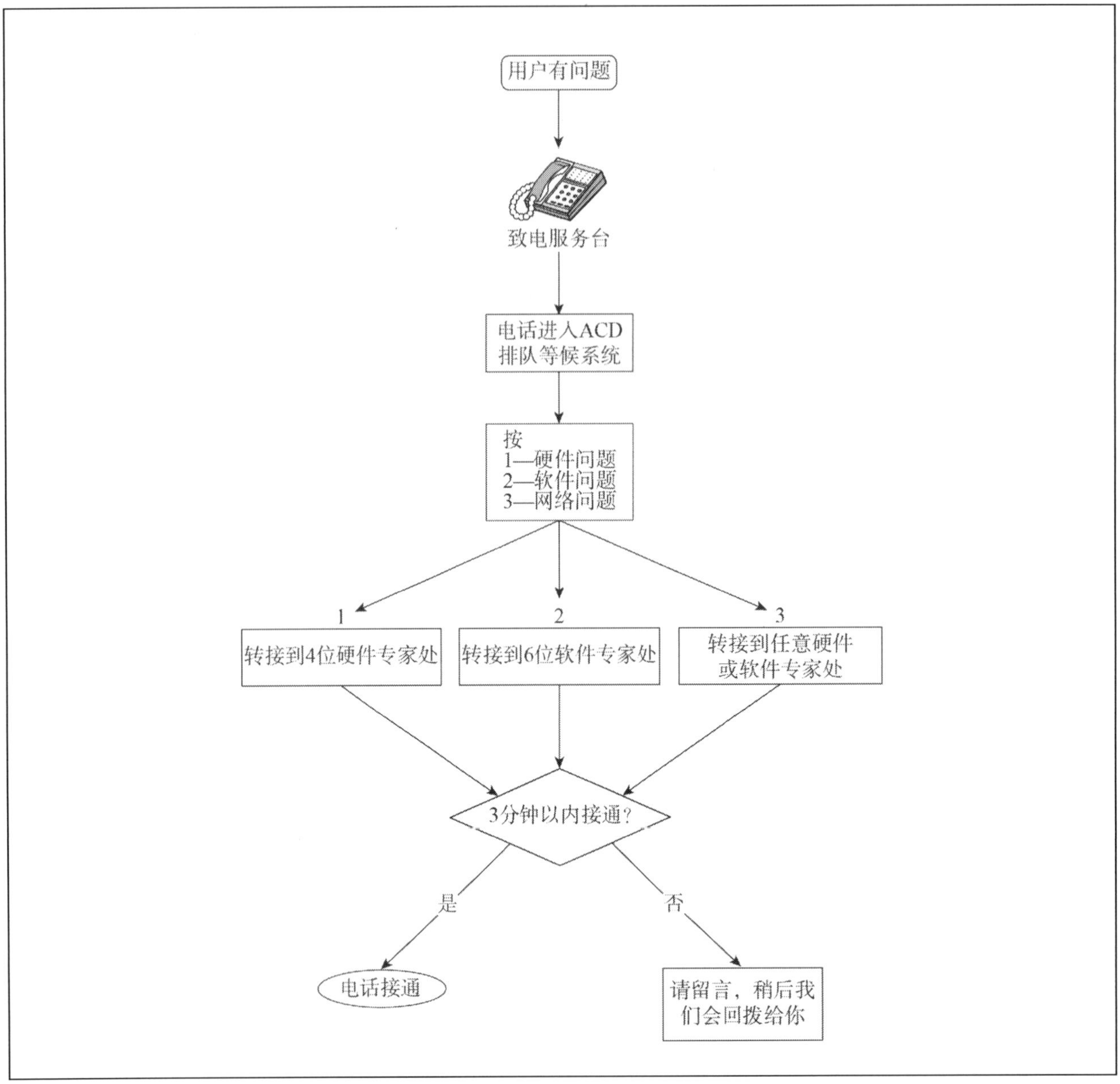

补充信息

有些时候，流程图也被称为过程图。经常在过程改进项目中，使用流程图画出现状过程和目标过程。绘制流程图有一些标准形状，例如：

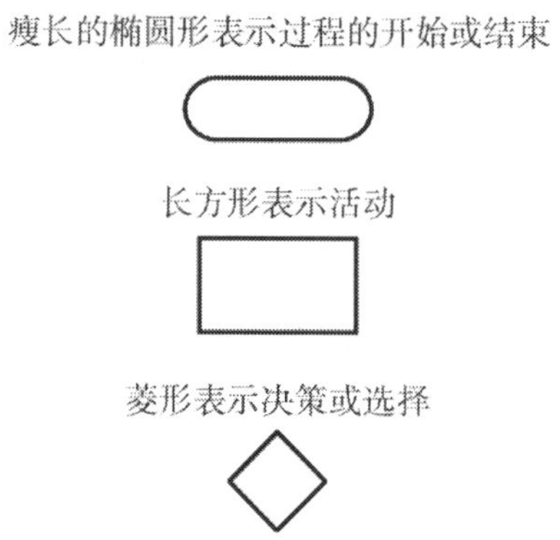

此外还有很多不同的形状和符号表示流程图中的不同步骤和功能。对复杂的过程来说，使用为流程图和过程图特制的软件来绘制会更为容易。

《项目管理知识体系指南》（第 6 版）相关章节

8.1 规划质量管理

8.3 控制质量

3.4　直方图

它是什么

直方图是一种展示了不同事件发生频率的柱状图。在项目管理中直方图通过展示错误或缺陷的分布情况，来支持质量管理过程。

如果使用降序排列的方式，将缺陷从出现次数最多的排列到最少的，那么这个直方图也被称为帕雷托图。

怎样使用它

既然直方图是用来展示缺陷或错误发生的数量，因此我们可以假设收集信息的工作已经完成。下文将描述的是怎样生成一张直方图。

1. 选择工作表中的一行，输入你要比较的类型。

没有完成规定的要求	太慢	超重	崩溃	页面错误

2. 在下一行，输入每个类型发生的次数。

没有完成规定的要求	太慢	超重	崩溃	页面错误
5	17	14	6	12

3. 选中有数据的单元格，插入图片。
4. 选择柱形图（或条形图）。

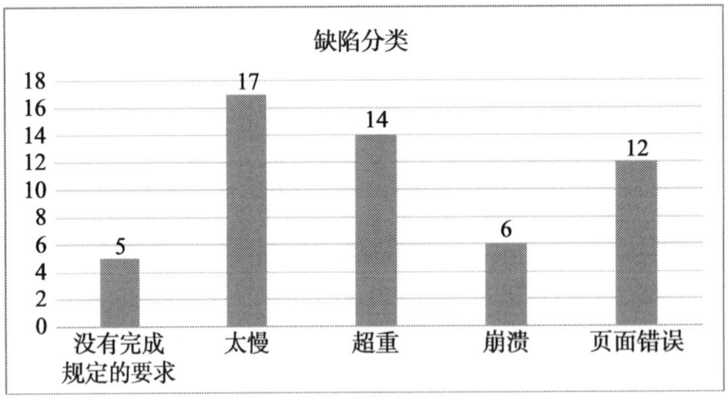

为了让图形更好看，可以增加数据标签。要增加数据标签，可以选中任何一根柱形，单击右键，出现一个菜单，选择“添加数据标签”。

要想将这个图转化为帕雷托图，只需要将数字从高到低排列。

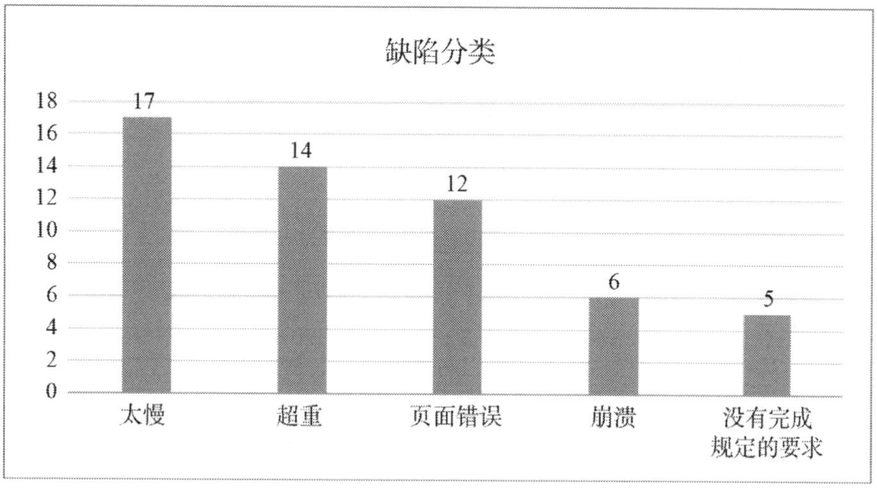

场景：你的项目是帮助通过电话提供支持的信息技术服务台改进客户满意度。

作为 IT 服务台满意度提升项目的一部分，团队检查了 IT 部门拿到的员工满意度调查中内部支持服务的相关核查表（见第 1.3 节）。你根据这张核查表上的每个类型的投诉数生成了一张直方图，然后你将数据排序生成了一张帕雷托图。

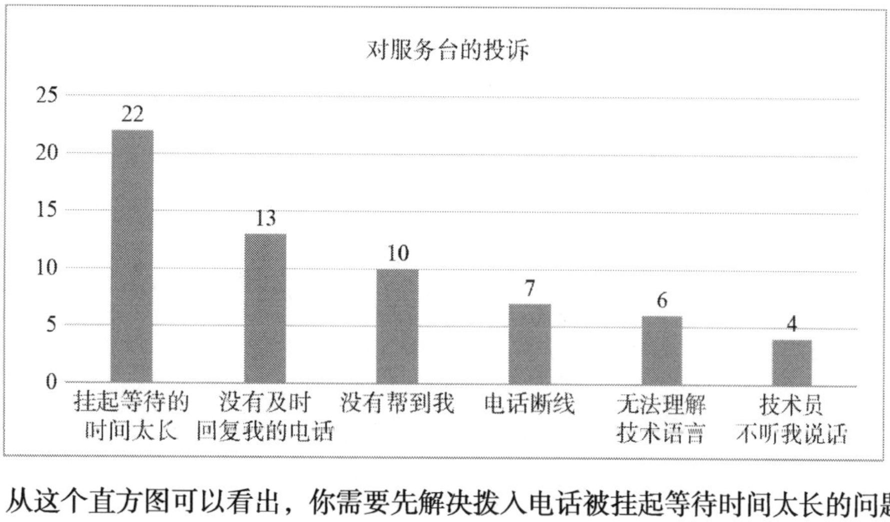

很显然，从这个直方图可以看出，你需要先解决拨入电话被挂起等待时间太长的问题。然后你可以关注怎样缩短电话回拨时长的问题。如果你可以解决这两个问题，那么一半以上的投诉就得到了解决。

补充信息

很多时候，帕雷托图会和 80/20 法则同时出现，即 80%的问题是由 20%的原因引起的。

《项目管理知识体系指南》（第 6 版）相关章节

8.2 管理质量

8.3 控制质量

3.5 逻辑数据模型

它是什么

逻辑数据模型用于显示实体、关系、数据和数据的排列方式。逻辑数据模型用于帮助促进对业务数据元素和需求的共同理解，并且为设计数据库提供基础。数据模型用于特定的问题领域，并且独立于特定的数据库产品。在 IT 项目中使用逻辑数据模型提供比概念数据模型（只显示实体和关系）更详细的信息。数据模型通常是图表，用于捕获对项目所在组织而言非常重要的信息。它们不依赖任何技术，并且被严格地限定在实体、数据和关系的范围内。

要理解这种技术，你需要熟悉以下一些术语。

实体。数据模型中的对象，如地址、客户或产品。

实体键（或主键）。在实体中识别和区分一组数据的信息。例如，如果你要识别一个客户，你可以使用社会安全码作为实体键。每个客户都有一个独立的社会安全码，所以这是区分一个客户和另一个客户的实体键。

实体的属性。和实体有关的数据的类型。例如，对一个实体产品而言，你可以有产品编号、产品描述、批发成本、零售价格和产品分类等。

实体关系。实体可以有不同的关系，比如一对一、一对多或多对多关系。

怎样使用它

使用以下步骤为指导原则。根据你的环境，裁剪那些步骤。

1. 识别你将在模型中包含的实体。
2. 映射实体之间的关系。
3. 识别每个实体键（或主键）。
4. 细化每个实体的属性。
5. 规范数据（减少或消除任何冗余）。

场景：你是一个项目经理，该项目要为你所在公司的员工建立一个托儿所。

作为托儿所的一部分，你正在开发一款手机应用，对每个孩子进出托儿所进行记录。这将让你了解到在某个特定时段有多少孩子、是哪些孩子在托儿所。你还会了解到哪些人可以接走孩子、孩子的特殊饮食或医疗需求，以及孩子们各自有针对性的学习计划。

在这个项目中，你需要的实体是：

- 孩子

- 父母或监护人
- 生长发育
- 营养
- 学校准备

在和学校的管理人员交流后，你识别了以下关系和主键。

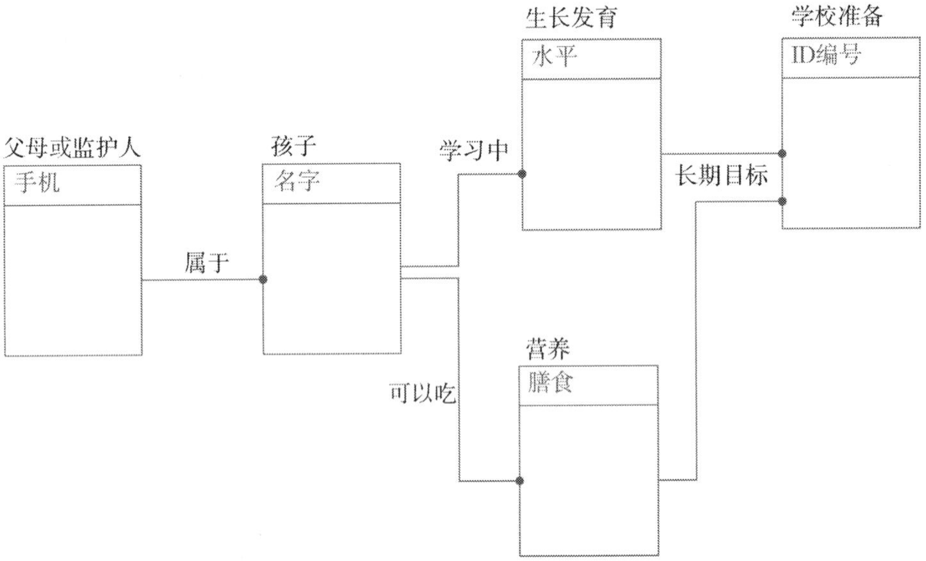

在实体下面显示主键。举例来说，父母或监护人是实体，相应的主键是手机号码。一旦你了解了数据将怎样流动和使用，你就可以确定实体的属性。下面是完整的逻辑数据模型图。

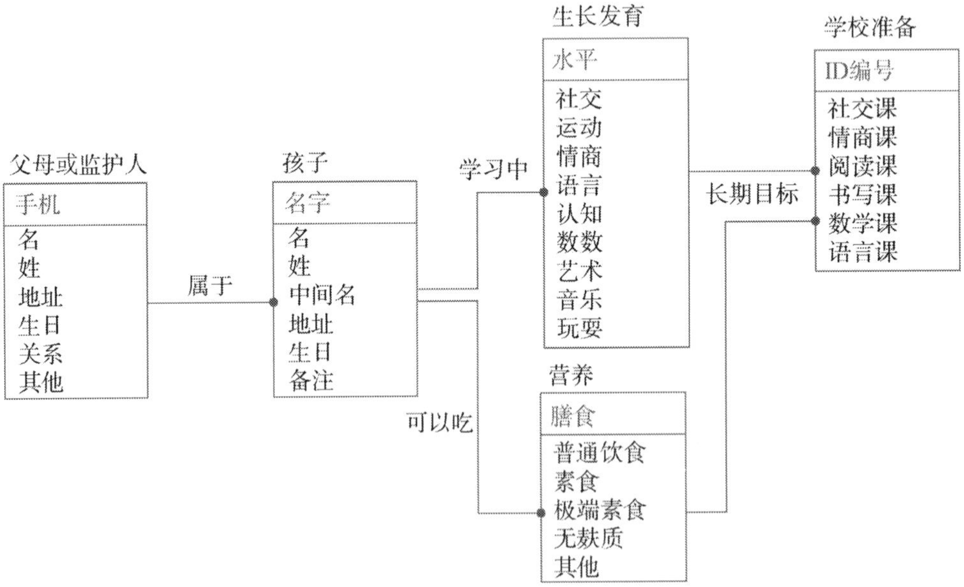

补充信息

逻辑数据模型成为物理数据模型开发的一个输入，你可以将实体信息转化为数据表、外键和数据列。逻辑数据模型的示例有实体关系图或通用标记语言。

《项目管理知识体系指南》（第 6 版）相关章节

8.1 规划质量管理

3.6 思维导图

它是什么

思维导图是一种在中心部分放置一个想法（或项目），并且从这里开始的绘图技术。然后从项目中识别与这个想法相关的主要主题或可交付成果，并且把它们一一分离出来成为一个个分支。每个主题或可交付成果都可以继续分离细节。这种拓展分支的做法可以一直持续到得到一个完整的思维导图，它提供了整个项目的概况或被分析项目的所有元素。

怎样使用它

以下这些步骤可以用来手工绘制一个思维导图，或者也可以使用思维导图软件来绘制。

1. 从一个中心想法开始。
2. 拓展与中心想法相关的主要分支或类别。
3. 在分支上填入关于这个想法的细节。
4. 根据需要重新排列和填充内容，直到整个思维导图完成。

场景：你是一个项目经理，该项目要为你所在公司的员工建立一个托儿所。

建立托儿所的项目章程签署后，你立即和你的核心团队召开了一个会议，对托儿所的组成部分进行头脑风暴。你将托儿所画在思维导图的中心，并且从这里开始，考虑和课程、艺术、室内活动及操场相关的可交付成果。你和你的团队成员一起将每个分支再细化，最后得到了下面这张思维导图。

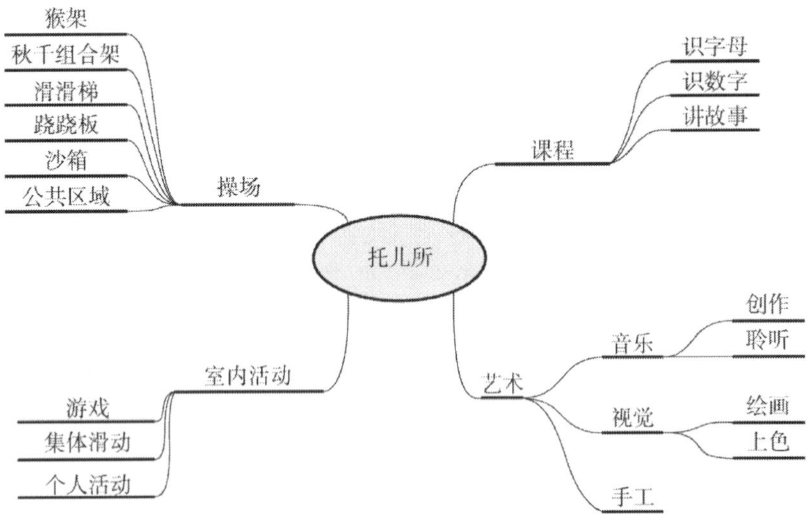

PMP Prep, All-in-One For Dummies, 2nd Edition.

补充信息

有专门绘制思维导图的软件。当然为了方便起见，你也可以使用便利贴，随意调整它们的位置，直到最终确定思维导图。如果你希望做得更有创造性的话，你可以画画、使用图标和不同颜色的记号笔，以及在你的思维导图上贴上图片等。绘制思维导图的过程可以使用十分有创意且好玩的方法，来填充所有项目可交付成果或需求。

《项目管理知识体系指南》（第 6 版）相关章节

5.2 收集需求

8.1 规划质量管理

13.2 规划相关方参与

3.7　概率和影响矩阵

它是什么

概率和影响矩阵是一种网格表现技术，它将一个事件发生的可能性和一旦发生对项目目标的影响进行配对。经常在风险分析中根据发生的概率及相应的影响使用它对项目风险进行排序。

对概率的评估就是对事件发生可能性的评估。注意，不是评估事件发生后带来影响的可能性，而是事件发生的可能性。在评估影响的时候，实际上你已经假设了事件会发生，如果事件真发生了，就要核查受事件影响的一个或多个项目目标。

对一些小型的、不那么重要的项目而言，概率和影响矩阵可以评估对任何项目目标的影响（如范围、质量、成本、进度和相关方满意度等）。对于复杂的、大型的或重要的项目，你可以对不同的项目目标分别使用概率和影响矩阵。

怎样使用它

使用以下步骤为指导原则。根据你的环境，裁剪那些步骤。

1. 从记录了已经识别的项目中的所有风险的风险登记册开始。
2. 和项目团队成员、主题专家或其他对风险有个人见解的人进行交流。你还可以考虑从相似的项目中获取历史数据，以及相关的风险文档。
   a. 结合以前项目的历史数据，根据专家意见，确定每个风险事件可能发生的概率。
   b. 结合以前项目的历史数据，根据专家意见，确定如果风险事件发生，对项目目标的影响。
3. 在项目风险管理计划中已有“可能性”和“影响”的定义。根据项目风险管理的评分标准对每个风险出现的概率和影响打分。
   a. 例如，如果一个风险的发生概率为 40%，而风险管理计划中明确定义了“发生概率中等”为 40%～60%，那么这个风险的发生概率可以设置成“中等”。
   b. 如果风险对项目关键路径的影响是 9 天，风险管理计划表明任何对项目关键路径影响在 1～2 周内的风险都是高影响，那么这个风险就应该被标识为“高”。
4. 如果风险管理计划没有给出一个体现概率和影响的表格，那么就创造一个。
5. 在概率和影响矩阵中，对每个风险进行定位。

场景：你是一个项目经理，该项目要为你所在公司的员工建立一个托儿所。

你召集你的项目团队、普通合同雇员和采购专家召开一个风险会议。你已经识别了一些事件或状况可能对项目产生不良影响。在这个案例里，我们先聚焦于 3 个对进度有影响的风险。

风险 1：由于你选择的安全摄像头处于补货状态中，有可能不能按进度的要求及时收到。摄像头是安全系统的一部分，必须在托儿所开业之前接线并测试完毕。这项工作目前并不处在关键路径上，但是如果摄像头晚到 3 个星期，就将使开业推迟。

风险 2：市政部门可能不会批准这个计划，因为与建筑有关的工作有返工情况，并且已延迟。

风险 3：Lily（项目团队的一名成员）可能被分配到另一个优先级更高的项目中，这将造成这个项目进度延迟，因为我们需要找到一个替代者，并且对他进行项目内容的培训。

下面是对风险管理计划的摘抄。

概率的定义

非常高——有 80%～90%发生的可能性。

高——有 60%～79%发生的可能性。

中——有 40%～59%发生的可能性。

低——有 20%～39%发生的可能性。

非常低——有 1%～19%发生的可能性。

对进度影响的定义

非常高——对关键路径延迟超过两周以上。

高——对关键路径推迟大于一周小于两周。

中——对关键路径的影响在一周以内。

低——只对非关键路径产生影响，将浮动时间都消耗殆尽。

非常低——只对非关键路径产生影响，使用了部分而不是全部的浮动时间。

根据这些条件，你对目前风险的打分是这样的：

ID	风险	概率	影响
1	由于你选择的安全摄像头处于补货状态中，有可能不能按进度的要求及时收到。	5	5
2	市政部门可能不会批准这个计划，因为与建筑有关的工作有返工情况，并且已延迟。	2	5
3	Lily 可能被分配到另一个优先级更高的项目中，这将造成这个项目进度延迟，因为我们需要找到一个替代者，并且对他进行项目内容的培训。	2	2

然后你将这些风险映射到概率和影响矩阵上，如下图所示。

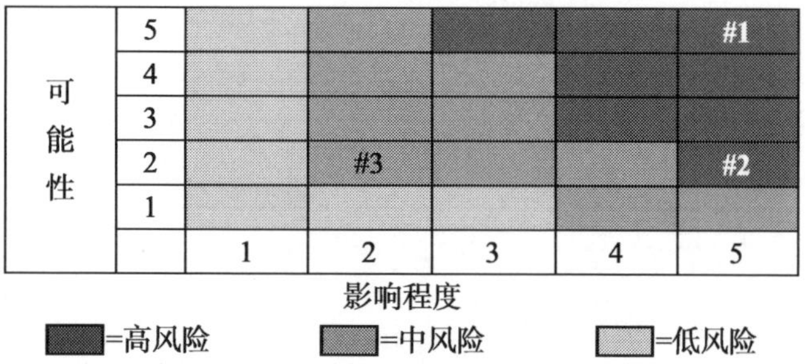

这个打分表向你展示了哪个风险事件是你需要先去解决的。对这些信息加上时间紧迫性的权重（多久以后可能发生这个事件），可以帮助你再一次调整工作优先级排序。

补充信息

有很多方法可以让你对概率和影响矩阵进行裁剪，使得它可以反映你所在组织的风险偏好。这里介绍其中 3 个方法，针对你的项目进行适应性调整。

- 你可以改变概率和影响的定义，使它们变得更严格或更宽松。这取决于你的项目对风险的态度，是更厌恶还是更愿意承担。
- 你可以改变概率和/或影响的打分规则。例如，你可以将数字 1，3，5，7，9 改为 0.5，1，2，4，8，对低风险使用更小的数字。
- 你可以改变风险矩阵中框图的颜色。在高风险的类别中，加入更多单元格反映风险偏好降低；在低风险类别中，加入更多单元格反映对风险承受能力增大。

《项目管理知识体系指南》（第 6 版）相关章节

11.3 实施定性风险分析

3.8　资源分解结构

它是什么

资源分解结构将资源从高层级分解到更详细的级别。分解的对象可以是物质资源或团队资源，或者两者兼备。你可以在规划资源的过程中使用资源分解结构。在项目开始初期，你会拥有各种类型的资源。随着项目的逐步展开，你将获得更多、更详细的资源信息，如资源的数量、参与者的技能水平，一直到最后获得资源的名称。

怎样使用它

1. 识别项目所需的资源类型，是否是高层级的分类，如人员、物料、设备、地点、供应商，等等。
2. 将高层级的每个资源分解到适当的详细层级。

场景：你被要求满足 Top Dog 项目服务公司发展的需要。

你正在检查 Top Dog 项目服务公司在爱达荷福尔斯的资料。他们正在改建旧城中心建筑作为城市更新项目的一部分。为了帮助你制定项目预算，他们识别了大楼翻修工程需要的技能及其水平。下图是以行业为依据资源分解结构的摘录。

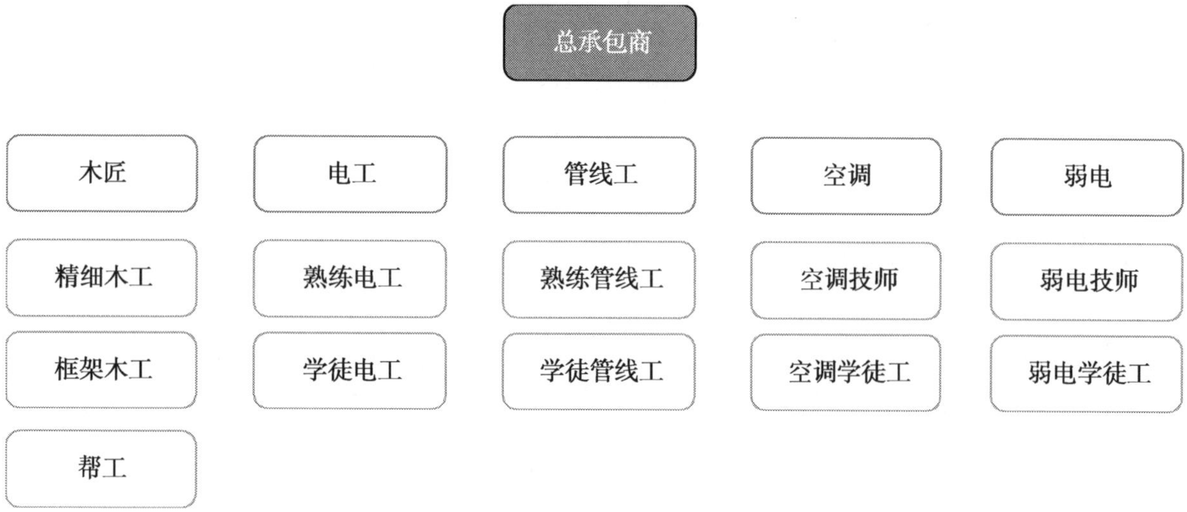

补充信息

你可以使用资源分解结构来帮助进行资源优化（见第 6.9 节），从而估算成本，制订进度计划、资源计划、沟通计划，管理风险和相关方参与等。

《项目管理知识体系指南》（第 6 版）相关章节

9.1 规划资源管理

3.9　责任分配矩阵

它是什么

责任分配矩阵是一种矩阵表现方式，它将项目工作写在最左边一列，将可用资源写在顶部一排。矩阵显示了为工作分配的资源，也表明了该资源为这项工作起到怎样的作用。

按照所处的项目生命周期位置，项目工作可以在不同的详细层级展示。在项目规划初期，项目工作是以控制账户或工作包的形式呈现的。如果你的项目使用的是渐进明细的方法，如滚动式规划（第 6.10 节），你就可以将工作细化到活动的层级。当然，资源的使用也是渐进明细的。项目规划伊始，你对资源的描述是粗线条的，如程序员、起重机操作员或工程师，当你着手详细规划项目时，你已经有了可以分配到该工作的资源的名称。

你可以将能支持工作的资源根据其作用进行分类。例如，你可能会让某人负责完成某项工作，另一个人则需要在可交付成果上签字，还有人可能会为工作提供输入或咨询工作。将工作角色文档化，有助于与每个参与项目工作或支持项目工作的人沟通，明确项目对他们的期望。

怎样使用它

使用以下步骤为指导原则。根据你的环境和你的项目所处的生命周期中的阶段，裁剪那些步骤。

1. 在矩阵表的左列，列出每个可交付成果（根据你所处的项目生命周期的阶段，可能是工作包、控制账户或活动）。
2. 在矩阵表的顶部，列出贯穿项目的每种角色的资源。你的资源包括那些不属于你团队的人，如许可机构、高级管理人员、外部咨询师等。
3. 定义在矩阵中将使用到的工作或支持工作的类型（负责、审核等）。
4. 用图例表示类型或关键字，方便人们在阅读图表的时候明白应该怎样理解。
5. 在矩阵中为每项工作填写由哪个资源负责或支持。

场景：你被要求满足 Top Dog 项目服务公司发展的需要。

你正在为在爱达荷福尔斯 Top Dog 项目服务公司工作。你们正在改建旧城中心建筑作为城市更新项目的一部分。在项目当前阶段，你为改造工程进行高层次规划，以下资料摘录于以行业为分类依据的责任分配矩阵。

	项目经理	总包商	电工	管线工	采暖工	通信技师	市政监督
规划进度	A	C/S	C/I	C/I	C/I	C/I	
规划电路（设计图）	I	S	A				
规划管线（设计图）	I	S		A			

续表

	项目经理	总包商	电工	管线工	采暖工	通信技师	市政监督
规划通风采暖（设计图）	I	S			A		
规划弱电（设计图）	I	S				A	
电工施工	I	S	A				S
管线施工	I	S		A			S
通风采暖施工	I	S			A		S
电缆施工	I	S				A	S

图例：

A —— 负责（Accountable）

I —— 知情（Inform）

S —— 签署（Sign Off）

C —— 咨询（Consult）

这个责任分配矩阵表明了项目经理在规划项目进度及在开展项目中会将项目进展知会各工种人员。总包商将签署所有设计图并组织完成所有施工工作。市政监督将协同对项目施工工作的确认签署。每个可交付成果完工时，都会通知项目经理。每个工种的技工都要对他自己的工作负责。

当项目工作进一步细化时，会出现更多、更细节的工作活动，也会出现更多关于资源的详细信息。

补充信息

一种最常见的责任分配矩阵是 RACI①图。RACI 的含义是：

R——执行人（Responsible）。完成工作的人。

A——责任人（Accountable）。负责工作能按照要求完成的人。责任人可以将工作下放给执行人，也可以自己完成。项目经理只认定责任人为该项工作的唯一负责人。

C——咨询人（Consult）。咨询人可以是一名咨询师，或者任何可能给出工作建议的人。这个角色可以包括主题专家、团队成员、客户，或者其他可以提供意见和关于可交付成果的输入的人。

I——知情人（Inform）。需要将工作情况告知的人。

在这个 RACI 中，每项工作都有一个责任人，且只有一个责任人。这确保了只有一个人对这项工作负责。

《项目管理知识体系指南》（第 6 版）相关章节

9.1 规划资源管理

① 摘自《项目管理知识体系指南》（第 6 版），PMI，Newtown Square，PA。

3.10　散点图

它是什么

散点图是一个由 x 轴和 y 轴组成的图形，目的在于将两个变量的关系表达出来。举个例子，如果你想将花费在一个任务上的预算和任务尚需持续时间进行比较，你可以预想到两者呈负相关关系。预算花费越多，任务的持续时间就会越短。如果你想跟踪项目投入的资源和项目预算的关系，那么就可以看到两者呈正相关的关系。

怎样使用它

散点图用来表示两个变量之间的关系。因此，我们假设在讨论散点图之前，收集信息的工作已经完成。本节仅描述怎样绘制散点图。

1. 识别你需要评估相互关系的两个变量。
2. 将一个变量设置为 x 轴，另一个设置为 y 轴。
3. 输入数据。
4. 选中数据，插入散点图。

场景：你的项目是帮助通过电话提供支持的信息技术服务台改进客户满意度。

作为提高 IT 服务台客户满意度项目中制订工作计划的一部分，你决定使用散点图来识别客户满意度评分和其他变量之间的关联性。你想画的第一个散点图是客服工作人员数量和处于上规格线（关于规格线的更多信息，见第 3.2 节控制图）内的服务台服务时间百分比。在你的期望中，它们应该是正相关的，这意味着当一个变量增加的时候，另一个变量也会相应增加。完美的 1:1 关系将让你画出一条直直的对角线。

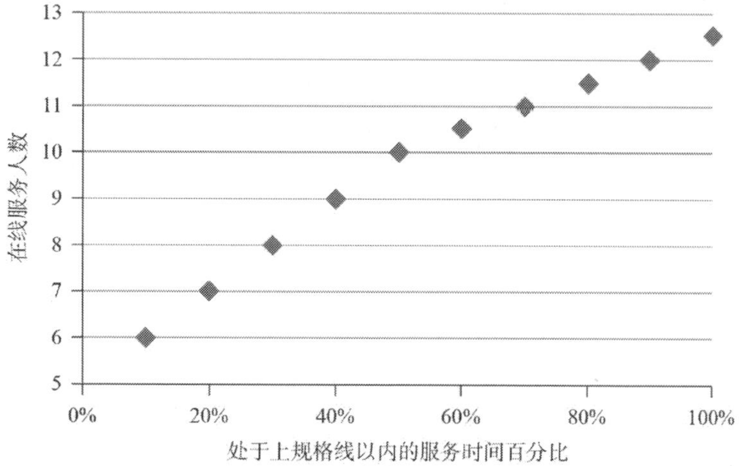

下一个你希望衡量的是被投诉数量和员工工作时长的关系。结果是一个负相关关系，工作时间越长的员工，被投诉的数量越少。

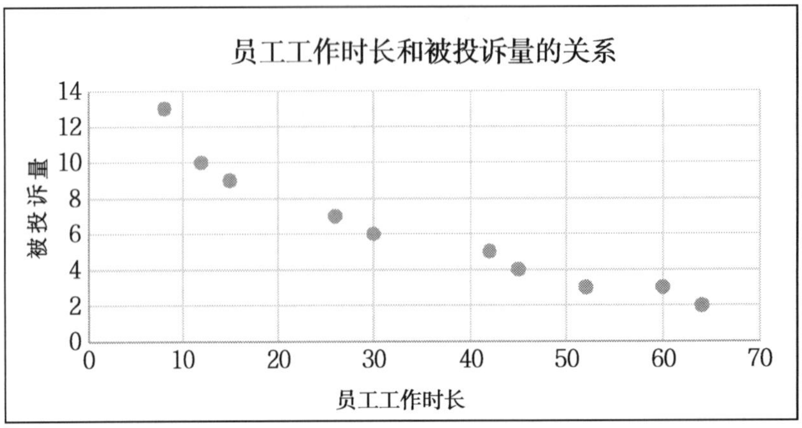

根据这些信息，你可以向员工培训部门提出建议，对新员工开展培训。

补充信息

散点图是进行回归分析的基础，而回归分析是广泛使用的评估变量之间关系的统计技术。回归分析在第 2.9 节中进行了详细介绍。

在正负相关之外，你还可能看到曲线关系，即从高开始，降低，然后再上升到另一个高点。

《项目管理知识体系指南》（第 6 版）相关章节

8.2　管理质量

8.3　控制质量

3.11　相关方映射分析

它是什么

相关方参与评估矩阵可以展示相关方在哪儿、你希望他们与项目的关系如何、怎样支持项目。一旦你完成了对相关方群体（见第 2.13 节）的初步分析，你就可以进一步开展工作，建立一个相关方参与评估矩阵，来帮助你优化相关方参与计划。

这个矩阵表现了不同程度的（对项目的）关注和支持。

相关方	不知道	不支持	中立	支持	驱动者*

*“支持”和“驱动者”的区别在于“驱动者”是对项目有一定的权利，可以影响项目的方向或给项目制造重大变化的人。

怎样使用它

使用以下步骤为指导原则。根据你的环境，裁剪那些步骤。

1. 从相关方登记册及相关方分析结果开始（见第 2.13 节）。

2. 和你的团队一起，对所有相关方进行分析，并在映射图上给每个相关方的当前状态标注一个“C”代表当前状态。

3. 和你的团队一起讨论你希望这些相关方去什么位置，是什么理由让你们有这样的期待。我们当然希望所有的相关方都支持我们的项目，但这可能不合理。

4. 在图中我们期待的相关方的位置上，标上“D”代表期待状态。

场景：你是一个项目经理，该项目要为你所在公司的员工建立一个托儿所。

你正在和你的团队开会，分析项目的相关方。你通过相关方登记册逐一评估每个相关方目前所处的位置，得到下表。

相关方	不知道	不支持	中立	支持	驱动者
出资人					C
公司雇员	C				
设备部门			C		
项目团队				C	
儿童家长				C	

续表

相关方	不知道	不支持	中立	支持	驱动者
儿童	C				
保育员				C	
高级管理层			C		

在进行了更多讨论之后，你很高兴地看到，大部分相关方都处于项目组期望他们该处的位置。对那些没有在目标位置上的相关方来说，你制定了针对他们的沟通策略，可以帮助团队让他们去到目标位置上。

相关方	不知道	不支持	中立	支持	驱动者
出资人					CD
公司雇员	C			D	
设备部门			C	D	
项目团队				CD	
儿童家长				CD	
儿童	CD				
保育员				CD	
高级管理层			C		D

补充信息

你可以修改相关方的设置，表达你认为合适的项目的需求。

《项目管理知识体系指南》（第 6 版）相关章节

10.1 规划沟通管理

10.3 监督沟通

13.2 规划相关方参与

13.4 监督相关方参与

第 4 章

估算

Estimating

4.0 估算技术

估算是项目日常工作中不可或缺的一项工作。我们不断地估算活动持续时间、资源需求和成本。本章将介绍项目管理中最经常使用的一些估算方法，如类比估算、参数估算和三点估算等。

预测也是估算，因此，预测技术，如项目完工估算（Estimate at Completion，EAC）、完工偏差（Variance at Completion，VAC）也都在本章中介绍。本书中介绍的预测技术都使用了挣值管理技术的概念。

本章将介绍的技术有：

- 类比估算
- 自下而上估算
- 完工估算
- 完工尚需估算
- 参数估算
- 完工尚需绩效指数
- 三点估算
- 完工偏差

在可能的情况下，运用多种估算或预测技术对项目进行分析是一个很好的方法。如果两种估算的结果有很大的不同，你应该研究它们为什么不同，以确保你识别了所有的项目范围、假设和其他必需的信息，最终能得到有效的估算结果。

本章介绍的这些估算和预测技术并不是唯一可行的技术，然而，它们是项目管理中最常用的技术。另有一些经常在一般业务环境中使用的技术，没有在本书中介绍。

4.1 类比估算

它是什么

类比估算最基本的形式，是将过去项目和当前项目进行比较，确定两个项目之间的相似之处和不同之处，进而根据这些信息进行估算。

一个更健全的估算体系决定了项目估算的驱动因子，并且分析了过去相似的项目和当前项目的关系。驱动因子可能包括项目大小、项目复杂度、权重或你需要估算的组件的其他方面。

类比估算通常被使用在项目早期，仅是个粗略估算。项目中存在这样一种共同的认知：当项目得到更多、更详细的信息，团队会进行一系列估算，估算的精度会更高。当然，你可以在任何级别进行类比估算。

使用类比估算的好处是，可以相对较快地进行估算，并且不需要花费太高的成本。然而，因为通常会在项目信息的高层级使用类比估算，因此它并不是最精确的估算方法。

怎样使用它

使用以下步骤为指导原则。根据你的环境，裁剪那些步骤。

1. 识别一个或多个以前类似的项目。确保项目真的很相似，而不是看上去相似。
2. 确定对项目的成本或持续时间有重要影响的方面（驱动因子）。
3. 将现有项目和过去项目的这些方面进行比较，确定能反映项目间不同的乘数或除数。
4. 将以前项目的实际信息乘以上一步得到的各驱动因子（或项目整体）的比较结果，得到当前项目的类比估算结果。
5. 将项目的不同组件的类比估算进行整合，对准确性进行评审，如果需要的话，根据当前项目的情况进行调整。

场景：你是一个项目经理，该项目要为你所在公司的员工建立一个托儿所。

持续时间估算示例

你需要为托儿所的工作人员开发培训课程。这个培训将持续 2 天。几个月前，你开发过一个类似的培训课程，但那是个 3 天的课程。为了进行估算，你需要进行如下步骤。

第 1 步：将准备课程的时间估算为比前项目减少 33%，和课程持续时间的减少相适应。

第 2 步：因为这个培训课程相比之前的项目更为复杂（这个课程包括了急救、食物准备和安全培训），因此将复杂度因素在前课程的基础上增加 10%。

第 3 步：前培训项目需要 4 个实战演练课题，但这次培训只需要 3 个。在前一个项目中，你用了 40 小时来开发实战演练课题，因此，在这个项目里，减少 25%的实战演练课题准备时间，即 30 小时。

下面这个表展示了你如何进行类比估算。

上次课程	投入时间	本次课程	调整数	调整后的估算
3 天	200 小时	2 天	–33%	133 小时
简单	已包括	复杂	+10%	13 小时
4 个实战	40 小时	3 个实战	–25%	30 小时
小计	240 小时			176 小时

成本估算示例

要想获得调整场地功能方面的粗略的成本估算，你可以参考你所在组织最近进行的一次功能性场地调整的项目，在那个项目的基础上进行调整以适应现在这个项目。如果你的公司没有这方面的历史数据，你的承包商一定能以他最近的经验和专业知识为你提供帮助。具体的过程可能是这样的：

我们最近获得了一个 500 平方米还没有完全建成的新场地，用于托儿所建设。那个项目最后的完工成本是 550 000 美元。但是，在这个项目中，我们必须先对目标空间进行模拟展示，因此需要增加 10%的预算。当然，这个项目只有 400 平方米大小，实际上空间缩小了 20%。

第 1 步：为模拟展示增加 10%成本，即成本增加到 605 000 美元。

第 2 步：将 605 000 美元乘以 80%，得到类比估算的结果为 484 000 美元。

补充信息

类比估算是最常用的估算技术，甚至很多时候人们完全没有意识到正在使用这个方法进行估算。我们会不自觉地回看过往的经验，帮助我们对当前的项目进行估算。这个方法可以用来对持续时间、成本和资源等进行估算。

为了更有效地使用这个方法，项目必须本质上很类似，而不仅仅是看上去很类似。在纽约城改造一个办公室，和在华盛顿州的奥林匹亚的某个地方改造一个办公室，物流需求和资源成本会非常不一样。

《项目管理知识体系指南》（第 6 版）相关章节

6.4 估算活动持续时间

7.2 估算成本

9.2 估算活动资源

4.2　自下而上估算

它是什么

自下而上估算方法是一种详细估算技术，包括了关于每个活动或工作包的所有成本信息。自下而上估算可以包括技术需求、工程绘图、工作持续时间、费率和其他直接和间接成本估算。这些数据可以用来确定最精确、最可能的估算结果。自下而上估算是估算方法中最精确的一种，这是由估算使用的相关信息的精确性决定的。然而，这种类型的估算只能在规划接近尾声的时候才使用，因为只有那个时候你才有足够详细的范围信息。对大型项目而言，自下而上估算是一项非常耗费时间、也很耗费成本的过程。

在自下而上估算中包括的一些成本类型有：

- 差旅费
- 认证费
- 装运和处理费
- 许可证费
- 法规要求
- 授权费
- 安全成本
- 通胀预期
- 资金成本
- 汇率
- 采购成本
- 应急储备和管理储备
- 咨询成本

怎样使用它

使用以下步骤为指导原则。根据你的环境，裁剪那些步骤。

1. 确定每个可交付成果需要的人力投入时间。
2. 识别每个可交付成果需要的人力单价。
3. 将人力投入时间乘以人力单价。
4. 确定需要的物料资源：

- 设备
- 材料
- 用品
- 场地

5. 识别每项实物资源的单价。
6. 用数量乘以单价的方法得到每项实物资源预计的成本。

7. 识别其他直接成本。
8. 识别其他间接成本。
9. 确定应急储备。
10. 将劳动力、实物资源、直接、间接成本及管理储备全部相加。

场景：你被要求满足 Top Dog 项目服务公司发展的需要。

你正协助宾夕法尼亚州办事处向一个新的办公园区租借一幢办公大楼，以适应公司雇员人数的快速增长。你已经基本完成项目的组织阶段，刚将项目的成本集合在一起，得到了成本基准。你和建筑公司及总承包商制定了一个设计阶段的详细成本估算。关于建筑设计的自下而上估算如下：

劳动力	工作时间	劳动力单价	劳动力费用
高级建筑师	175 小时	$225	$39 375
初级建筑师	600 小时	$165	$99 000
行政人员	250 小时	$55	$13 750
项目经理	150 小时	$125	$18 750
总包商	100 小时	$115	$11 500
总人力成本			$182 375
物料资源	**数量**	**单价**	**总资源**
设备	0		
材料	0		
用品		$6550	$6 550
场地	0		
总资源成本			$6 550
其他	**数量**	**单价**	**总数**
直接成本			
差旅费用	500 公里	$0.55	$275
许可证	5 个	不同	$11 300
间接成本			
管理费用		2%	$4 010
应急储备		5%	$20 451
自下而上估算			$224 961

补充信息

自下而上估算方法通常用于估算成本和资源，也可以用于估算进度计划中的工作量和持续时间。然而，要估算项目持续时间，必须先绘制网络图并识别关键路径。

《项目管理知识体系指南》（第 6 版）相关章节

6.4 估算活动持续时间

7.2 估算成本

9.2 估算活动资源

4.3 完工估算

它是什么

完工估算是一种估算项目、可交付成果、控制账户或工作包所需的总资金的预测技术。本质上，完工估算等于完工尚需估算加上其他已经发生的任何支出。想要了解更多完工尚需估算的内容，请阅读第 4.4 节。本节的内容是建立在完工尚需估算的基础之上的。

以下是将在介绍中使用到的挣值技术中的一些缩写词：

PV——计划价值

AC——实际价值

EV——挣值

BAC——完工预算

ETC——完工尚需估算

EAC——完工估算

CPI——成本绩效指数（EV/AC）

SPI——进度绩效指数（EV/PV）

CSI——成本进度指数（CPI · SPI）

关于挣值分析的更多资料，见第 2.5 节。关于绩效指数的更多信息，见第 2.8 节。

得到 EAC 最简单的公式是：

$$\mathrm{ETC}+\mathrm{AC}=\mathrm{EAC}$$

另一个表达方式是：

$$\mathrm{BAC}-\mathrm{EV}+\mathrm{AC}=\mathrm{EAC}$$

如果预计当前的成本偏差不会继续下去，那么就可以使用这个公式。它的原理是假设任何现存的偏差都是一次性事件。大多数人认为这是计算 EAC 的有效方法。

你可以通过将剩余的工作除以绩效指标来得到更准确的估算。最常用的绩效指数是 CPI。因而，公式如下：

$$\frac{\mathrm{BAC}-\mathrm{EV}}{\mathrm{CPI}}+\mathrm{AC}=\mathrm{EAC}$$

如果预计当前成本偏差以相同的比率维持下去，可以使用这个公式。一些人认为这是项目的最好情况。这个公式的简化版就是：

$$\frac{\mathrm{BAC}}{\mathrm{CPI}}=\mathrm{EAC}$$

还有一个使用了进度和成本绩效指数的 EAC 计算公式。当考虑使用成本和进度指数时，你的假设是成本和进度绩效会对项目的总成本产生影响。一些人认为这是项目中最可能发生的情况，其他情况则都相对较差。这时的 EAC 计算公式为：

$$\frac{BAC - EV}{CPI \cdot SPI} + AC = EAC$$

CPI · SPI 可以被称为成本—进度指数（Cost-Schedule Index，CSI）。

怎样使用它

如果你的初始估算是精确的，则

1. 计算所有你项目上已经完成的工作的总价值（你的挣值或 EV）。
2. 从完工预算中间减去 BAC。
3. 加上已经实际发生的费用（AC）。

计算结果就是你项目的完工估算：EAC=BAC – EV+AC

如果你的工作仍将以与已完成工作相同的成本偏差率继续下去，那么可以将你的完工预算（BAC）除以你的成本绩效指数（CPI）：EAC=BAC/CPI

如果你的剩余工作将被你的成本和进度绩效影响：

1. 计算所有你项目上已经完成的工作的总价值（EV）。
2. 从总预算中减去这个金额，得到剩余工作的价值（BAC）。
3. 将你的成本绩效指数（CPI）和你的进度绩效指数（SPI）相乘，得到你的成本—进度指数（CSI）。
4. 将你的剩余工作价值除以成本–进度指数（CSI）。
5. 加上已经实际发生的费用（AC）。

$$EAC = AC + [(BAC - EV) / (CPI \times SPI)]$$

场景：建造双松医疗大厦——一个新的现代医疗资源中心。

这个案例建立在第 2.5 节描述的挣值分析技术的基础上。你已经完成了破土、地基、钢结构和 85% 的外部护围工作。这里有一些数字。

单位：美元

工作任务	计划价值	完成比率（%）	挣值	实际成本
破土	4 500 000	100	4 500 000	4 500 000
地基	15 000 000	100	15 000 000	15 874 000
钢结构	18 000 000	100	18 000 000	18 952 250
外部护围	40 500 000	85	34 425 000	36 105 800
总计	78 000 000		71 925 000	75 432 050

总计这一行的数据表示到目前为止的累计值。项目总预算是 126 000 000 美元。

假设剩余的估算数都正确，那么：

$$BAC-EV+AC=EAC$$

$$\$126\,000\,000-\$71\,925\,000+\$75\,432\,050=\$129\,507\,050$$

假设剩余工作开展时，将继续维持目前的成本绩效指数，那么：

$$\frac{BAC}{CPI}=EAC$$

$$\frac{\$126\,000\,000}{0.95}=\$132\,631\,579$$

假设剩余的工作将被目前的成本和进度绩效所影响，那么：

$$\frac{BAC-EV}{CPI \cdot SPI}+AC=EAC$$

$$\frac{\$126\,000\,000-\$71\,925\,000}{0.95\times 0.92}+\$75\,432\,050=EAC$$

$$\frac{\$54\,075\,000}{0.87}+\$75\,432\,050=\$137\,587\,222$$

你可以看到，假设不同，计算结果就会有明显的差异，你可以选择你认为正确的假设进行计算。当然，最重要的是在你决定选择使用哪种 EAC 计算方法之前进行充分的调查研究。

补充信息

经常将 EAC 作为“最新修正后的估算”。

计算 EAC 的方法有很多。最重要的是，你需要使用一种能够反映你项目现状的模型。一个可以优化模型的方法是调整 CSI 的比重。例如，如果你认为成本和进度都会对你的最终成本发生影响，但你认为 CPI 的影响比 SPI 更大，那么你可以用比重来调整，譬如[（CPI×0.8）+（SPI×0.2）]。你可以使用任何你认为能反映你项目真实情况的权重。

另一种优化 EAC 的方法是观察项目最近的绩效表现。如果你的项目是一个 3 年期的项目，项目目前的总 CPI 是 0.92，但是最近 6 个月项目的 CPI 是 0.95，那么你可以使用 0.95 进行计算，因为它能更好地预示将来可能的工作绩效。

《项目管理知识体系指南》（第 6 版）相关章节

7.4 控制成本

4.4　完工尚需估算

它是什么

完工尚需估算是一种估计需要多少资金来完成剩余工作的预测技术。可以用它来预测整个项目，也可以用于预测某个可交付成果、控制账户或工作包。

通常在项目进行中需要进行预测。这个时候，相比项目初始预测，你通常拥有更多精确的信息。因而，一个更精确的完工尚需估算（Estimate to Complete，ETC）方法是根据当下已知的信息来进行剩余工作的估算。新的估算需要将劳动力价格、产品价格、项目环境、现有人员配置、风险以及其他你所知道的和项目有关的各方面信息都考虑进去。

在一个大型项目中进行一次新的完工尚需估算是一件很耗时的事。因此，你可能想要使用一些数学方法来进行完工尚需估算。这里的数学方法和缩写词都和挣值分析技术相同，下面列出和 ETC 计算相关的缩写词供参考：

AC——实际成本

EV——挣值

BAC——完工预算

CPI——成本绩效指数

关于挣值分析的更多资料，见第 2.5 节。关于绩效指数的更多信息，见第 2.8 节。

第一个 ETC 计算公式的假设是你的初始估算均正确，并且将来的工作将在这些正确的估算的基础上进行。在这种情况下，你的完工尚需估算就是整体预算减去已经挣到（完成）的价值后的剩余部分。用公式表达就是 ETC = BAC – EV。

第二个 ETC 计算公式假设你现在的成本偏差会以相同的情况继续保持下去。表达为 ETC=（BAC–EV）/ AC。从本质上讲，这个估算方法假设后期工作的效率将和过去的工作效率一样，因此将剩余工作进行汇总，然后除以目前的 CPI，得到对最终成本的预测。

怎样使用它

下面的步骤对 ETC 计算进行了数学建模。如果你想自下而上进行完工尚需估算，参见第 4.2 节自下而上估算法。

如果你的初始估算是正确的，那么：

1. 计算所有你项目上已经完成的工作的总价值。注意，已经完成的工作的总价值不是你付了多少钱，而是这些工作的总预算是多少。换一句话说，计算所有已经完成的工作的预算总数。

2. 将总预算减去已经完成的工作的总价值。

得到的结果就是你的完工尚需估算值。

如果你的剩余工作将继续维持现有的成本偏差，那么：

1. 完成上述第 1 步和第 2 步。

2. 将已经完成的工作的价值（EV）除以实际完成工作的成本（AC），即 EV/AC，得到的数值就是你的成本绩效指数（CPI）。

3. 将第 1 步和第 2 步得到的结果相除，即剩余工作的价值除以 CPI：

（BAC–EV）/ CPI

场景：建造双松医疗大厦——一个新的现代医疗资源中心。

这个案例建立在第 2.5 节描述的挣值分析技术的基础上。你已经完成了破土、地基、钢结构和 85% 的外部护围工作。这里有一些数字（单位：美元）：

工作任务	计划价值	完成比率	挣　　值	实际成本
破土	4 500 000	100	4 500 000	4 500 000
地基	15 000 000	100	15 000 000	15 874 000
钢结构	18 000 000	100	18 000 000	18 952 250
外部护围	40 500 000	85	34 425 000	36 105 800
总计	78 000 000		71 925 000	75 432 050

总计这一行的数据表示到目前为止的累计值。项目总预算是 126 000 000 美元。

假设剩余的估算数都正确，那么：

$$BAC-EV=ETC$$

$$\$126\,000\,000-\$71\,925\,000=\$54\,075\,000$$

注意，你花了 75 504 150 美元（译者对这个数字存疑。——译者注），因此，你的项目预算还有 50 495 850 美元，并且你有价值 54 075 000 美元的工作仍需完成。

假设将来的工作将会以目前的成本绩效相同的绩效开展，那么 ETC 可以这样算：

$$\frac{BAC-EV}{CPI}=EAC$$

$$\frac{\$126\,000\,000-\$71\,925\,000}{\dfrac{\$71\,925\,000}{\$75\,432\,050}}=\frac{\$54\,075\,000}{0.95}=\$56\,921\,053$$

你花了 75 432 050 美元，因而你的项目预算还有 50 967 950 美元，剩余价值为 54 075 000 美元的工作需要完成。

补充信息

挣值管理技术经常在非常大型的项目中使用。然而，这个估算方法实际上很简单。只要你有对于你工作的高质量的预估，并且你可以将它们和实际工作成本进行对比，你就可以得到完工尚需估算。

《项目管理知识体系指南》（第 6 版）相关章节

7.4 控制成本

4.5 参数估算

它是什么

参数估算使用数学模型或统计关系来决定对成本、持续时间或资源的需求。不是所有的工作都可以用这种方法来估算的，但对那些可以量化的估算关系，这个方法既快捷又简单。

如果你有一个非常简单的模型，那么参数估算就很简单，如每平方米的成本。当你有更多变量时，参数估算就会变得更复杂。如果你把这类估算模型列在一个表格中，改变你的假设（如设备数）参数或估算基准（如单个设备的成本），就变得非常方便。

怎样使用它

使用以下步骤为指导原则。根据你的环境，裁剪那些步骤。

1. 识别你的模型中可以量化的估算关系。
2. 寻找你要估算的和项目内容相关的数据库、主题专家，或者拥有相关方面成本或持续时间比的资源。
3. 在你的项目数据上应用比例或公式，调整一些特定变量。

场景：你是一个项目经理，该项目要为你所在公司的员工建立一个托儿所。

持续时间估算示例

你需要对托儿所进行粉刷。一共有 600 平方米。你询问你的粉刷工头需要多久能做完。他说一个粉刷工每小时可以粉刷 10 平方米的面积，因此，你可以假设需要 60 个工时。他计划在这项工作上投入 3 个工人。你用 60 工时除以 3 个资源，得到 20 小时，或约 2.5 天。

成本估算示例

为了对建造托儿所进行粗略估算，总包商估计这个类型的工作每平方米需要花费 120 美元。你的项目有 600 平方米，因此可以估算项目预算为 720 000 美元。

补充信息

你可以在整个项目中使用参数估算，例如，使用每平方米成本来估算打造一个家或其他特定可交付成果的预算。你可以在网络上找到很多参数估算使用的估算数据表。模型中使用的数据越多，模型的准确率就越高。

《项目管理知识体系指南》（第 6 版）相关章节

6.4 估算活动持续时间

7.2 估算成本

9.2 估算活动资源

4.6　完工尚需绩效指数

它是什么

完工尚需绩效指数（To-Complete Performance Index，TCPI）表示为了在初始预算 BAC 之内完成项目（或达到目标完工估算 EAC），你需要用怎样的绩效来完成接下来的工作。TCPI 等于剩余工作除以剩余资金，也就是剩余工作和剩余资金的比。公式如下：

$$\text{TCPI}=\frac{\text{BAC}-\text{EV}}{\text{BAC}-\text{AC}}$$

$$\text{TCPI}=\frac{\text{BAC}-\text{EV}}{\text{EAC}-\text{AC}}$$

注意，第一个公式用 BAC 作为分母的一部分。如果你想要确定为了在预算内完成项目，你需要用怎样的绩效开展后面的工作时，可以使用这个公式。

第二个公式使用 EAC 作为分母的一部分。如果你想要确定为了达成 EAC 目标，应该用什么样的绩效来开展后面的工作时，可以使用这个公式。

完工尚需绩效指数 TCPI 告诉你，为了达到 BAC 或 EAC 目标，在接下来的工作中你必须达到怎样的成本效率。换一句话说，对于你花出去的每一美元，你需要收获 X 价值的项目成果，即 X=TCPI。

怎样使用它

为了计算 TCPI，你需要：

- BAC（完工预算）
- EAC（完工估算，如果你是用 EAC 作为目标的）
- EV（挣值）
- AC（实际成本）

关于这些术语的定义见第 2.5 节。

如果你希望在你的初始预算范围内完成项目：

1. 将你的完工预算 BAC 减去你的挣值 EV，得到剩余工作的价值。
2. 将你的完工预算 BAC 减去你已经花去的费用 AC，得到你还有多少剩余预算。
3. 将剩余工作除以剩余预算。

$$\text{TCPI}=(\text{BAC}-\text{EV})/(\text{BAC}-\text{AC})$$

你就得到了为了达到初始预算估计，你需要用怎样的绩效开展后面的工作。

如果你想要实现完工估算的目标，那么：

1. 将你的完工预算 BAC 减去你的挣值 EV，得到剩余工作的价值。

2. 将你的完工估算 EAC 减去你已经花去的费用 AC，得到你还有多少剩余预算。
3. 将剩余工作除以剩余预算。

$$TCPI=（BAC-EV）/（EAC-AC）$$

你就得到了为了达到完工估算，你需要用怎样的绩效开展后面的工作。

场景：建造双松医疗大厦——一个新的现代医疗资源中心。

这个案例建立在第 2.5 节描述的挣值分析技术和第 4.3 节描述的完工估算的基础上。

对这个当下的园林绿化工程，你有以下信息：

$$BAC = \$126\ 000\ 000$$

$$EV = \$71\ 925\ 000$$

$$AC = \$75\ 432\ 050$$

$$EAC = \$132\ 631\ 579$$①

根据这些信息，你可以计算为了在初始预算 126 000 000 美元之内完成项目，接下来需要怎样的 TCPI：

$$\frac{\$126\ 000\ 000-\$71\ 925\ 000}{\$126\ 000\ 000-\$75\ 432\ 050}=1.07$$

这意味着，要达成 BAC，在项目剩余工作中，你每花一美元，需要收获价值 1.07 美元的工作成果。由于你的项目已经进行了一段时间，你已经处于项目中期，目前你花的每一美元，得到的工作成果只有 0.95 美元（目前的 CPI 为 0.95），从现在开始你的绩效要提升 12 美分，这很困难。

更为合理、可行的目标是 EAC。计算目标为 EAC 的 TCPI 的方法是：

$$\frac{\$126\ 000\ 000-\$71\ 925\ 000}{\$132\ 631\ 579-\$75\ 432\ 050}=0.95$$

结果表明如果你想要最终获得当前的 EAC，那么你需要以目前的绩效继续开展工作。换句话说就是，如果将来的绩效和目前的绩效保持一致，那么目前的 EAC 就将实现。如果你做得更好，那么你可以以低于 EAC 的成绩完成项目；如果你做得差了，那么将要超过 EAC 才能完成交付。

① 这个 EAC 是通过 BAC/CPI 得来的。假设成本偏差会一直保持，但进度绩效对成本没有影响。

补充信息

这是一个很好的、可以用来检查你的期望是否符合现实的公式。很多时候，对工作负责的人，无论是内部资源还是外部雇用资源，都会有过于乐观的倾向。没来由地，他们认为工作绩效会得到改善，他们可以在预算内完成工作。因为将来的工作和过去的工作是不一样的，这有可能成为现实，但是，历史证明大部分情况都不是这样的。出于这个原因，我一般会把这个指数称为“清醒指数”。

《项目管理知识体系指南》（第 6 版）相关章节

7.4 控制成本

4.7 三点估算

它是什么

如果你需要考虑你估算中的不确定性，那么有一个非常好用的工具。如果一个活动或一个工作包被很多不确定、风险或未知包围，那么三点估算可以为你提供一个估算持续时间或成本的范围，以及一个期望值。之所以称为三点估算，是因为你是从三个估算开始的。第一个估算表示最好的情形下的估算，也称为乐观估算；第二个估算是最可能情形下的估算，称为最可能估算；最后一个估算是最坏情形下的估算，称为悲观估算。注意，我们使用了“情形”这个词。这是因为估算是建立在一个假设情况下的。对于“乐观”，“最可能”和“悲观”的定义如下：

乐观：乐观情形意味着你拥有所有你需要的资源，一切进展正常，所有工作一次性完成，没有风险或其他问题发生。可以用“O”代表“乐观”。

最可能：最可能情形代表项目中经常发生的状况，例如，有些人离开项目一段时间，工作中断，事情发展并不如计划的那样顺利，发生一些小状况等。可以用“M”代表“最可能”。

悲观：悲观情形假设资源缺乏必要的技术、有很多返工、工作延迟完成、发生很多风险或问题。可以用“P”代表“悲观”。

最简单的三点估算的方法是将三个估算相加，然后除以三，这样你就能得到一个平均值。然而，这并不是一个准确的方法，因为平均算法的假设是乐观、最可能和悲观情形发生的概率一样。事实上并不是这样的。在现实中，最可能的情形比乐观或悲观的情形出现的概率要高得多。因此，一个更为准确的计算方法是给最可能情形增加权重，然后得到权重平均值。最常使用的权重估算公式为：

$$\frac{\text{乐观估算}+4(\text{最可能估算})+\text{悲观估算}}{6}$$

注意，分子一共为 6 份，因此分母也要用 6 份来计算。

虽然上述权重分配方式是最常用的，但这并不是你仅有的选择。如果你有历史数据或专家，他们告诉你乐观，最可能和悲观情形出现的概率并不是这样的，那么你可以使用他们的权重分配方案。例如，历史数据显示在最近的 20 次你进行的类似工作中，乐观情形发生了 4 次，最可能情形发生了 8 次，悲观情形也发生了 8 次。在这个案例中，你就应该使用能反映你经验的算法，如下所示：

$$\frac{\text{乐观估算}+2(\text{最可能估算})+2(\text{悲观估算})}{5}$$

这个案例显示最可能和悲观情形出现的概率是乐观情形出现的概率的 2 倍。这些都和数学有关，使用能反映你认为正确的数字来建立你的模型。

怎样使用它

使用以下步骤为指导原则。根据你的环境，裁剪那些必要的步骤：

1. 对你需要进行估算的工作的执行人进行访谈。

- 和他们讨论如果进展一切顺利，可能的花费和持续时间大概是多少。讨论“一切进展顺利”可能是一个怎样的情形。
- 然后告诉他们现在的环境因素，结合他们进行此类工作的经验，询问他们认为事情会怎样。
- 最后，询问他们如果出现很多挑战，那么成本和持续时间可能是多少，并且询问他们可能出现怎样的挑战。

2. 决定你的权重因子。

- 公式[乐观估算+4（最可能估算）+悲观估算]/6 是最常见的算法。
- 如果你希望使用不同的权重参数，根据你的假设和环境分配权重比例。

3. 使用公式计算得到期望的结果（计算的成本或持续时间）。

场景：为帮助雇员获得行业认证，开发一个时长为 8 小时的内部培训视频。

你打算从其他办事处调来一个员工，作为制作视频的后备人选加入你的项目。你在对该员工飞到视频摄制地的机票价格进行估算。你进行了一些机票价格的调查。根据一年中的不同时间段，以及你能提前多久购买机票，你得到了一些估算。

- 如果她在工作日（非假日）出差，且你能在 3 周前购票，你可以获得低至 300 美元一个来回的价格。这是最乐观的情形。
- 最经常可能出现的情形是，你只能提前 2 周为她购票，那么来回费用将上升至 450 美元。
- 然而，在过往的经验里，你经历过只提前 48 小时购票的情况。一旦这个情况发生在节假日中，那么一个来回的机票成本是 1 200 美元。
- 你最终计算得到的预算成本为

$$\frac{\$300+4\times\$450+\$1\,200}{6}=\$550$$

补充信息

你可以看到，这个估算方法也被称为贝塔分布或 PERT 估算（PERT 是计划评审技术的缩写）。这是 20 世纪 50 年代后期形成的在项目的不确定性环境中估算预期值及范围的技术。

你会看到时间或成本估算中使用的术语如下：

- t_o 表示“乐观时间”
- t_m 表示“最可能时间”
- t_p 表示“悲观时间”
- c_o 表示“乐观成本”
- c_m 表示“最可能成本”

- c_p 表示“悲观成本”

《项目管理知识体系指南》（第 6 版）相关章节

6.4 估算活动持续时间

7.2 估算成本

4.8 完工偏差

它是什么

完工偏差（VAC）指标展示了你的完工预算和最新的完工估算之间的偏差。公式为：

VA=BAC−EAC

它将告诉你需要多少超出初始预算的资金量。

怎样使用它

1. 使用第 4.3 节介绍的任一方法计算完工估算。
2. 将你的完工预算减去完工估算。

场景：建造双松医疗大厦——一个新的现代医疗资源中心。

本案例建立在第 2.5 节描述的挣值分析技术和第 4.3 节描述的完工估算的基础上。

使用第 4.3 节提供的各种计算 EAC 的方法，你可以得到以下 VAC：

EAC=$129 507 050

VAC=$126 000 000−$129 507 050 = −$3 507 050

EAC=$129 507 050

VAC=$126 000 000−$132 631 579 =−$6 631 579

EAC=$129 507 050

VAC=$126 000 000−$137 587 222 =−$11 587 222

这表明完工偏差将在−3 507 050 美元和−11 587 222 美元之间。有了这些信息，你可以决定是增加偏差资金、缩减项目范围，还是实施其他可以缩小将来偏差的修正方法。

补充信息

当（你作为项目经理向管理层）提交完工偏差的信息是，同时提供对于偏差的根本原因分析和一些可以采取的改进建议是非常好的做法。

《项目管理知识体系指南》（第 6 版）相关章节

7.4 控制成本

第 5 章

人际关系与团队技能

Interpersonal and Team Skills

5.0 人际关系与团队技能

领导项目团队时，人际关系与团队技能是最重要的技能。作为项目经理，我们需要展示的许多领导技能其实都是人际关系和团队技能。在这本书讨论的技能之外，还有很多其他领导力技能。事实上，书店里有整书架的关于人际关系、团队协作和领导力的书籍。本书重点介绍和项目经理最密切相关的以下 4 项技能：

- 冲突管理
- 制定决策
- 名义小组
- 问题解决

有很多技能在项目管理中使用和在其他商业世界中使用并没有区别，因此本书没有覆盖那些通用的人际关系技术，如文化意识、谈判、人际交往、政治意识等。这些技术并不适合用本书对工具的介绍方法。

5.1 冲突管理

它是什么

当两个或两个以上的人有不同的兴趣、需求、目标、信仰或价值观时，冲突就会出现。冲突是项目中自然出现的一种常见状态。冲突管理是指通过尽量减少负面影响，并最大限度地发挥积极作用，对解决冲突进行慎重且有成果的尝试。

冲突带来的负面作用包括：

- **扼杀团队精神**。如果没有建设性地管理冲突，团队成员可能变得互相疏远，彼此间的关系也会出现障碍，以至于他们不想和团队中的其他人进行互动。
- **减少沟通**。当存在冲突的时候，人们经常停下正在做的事、停止交谈或停止参与。
- **团队成员请辞**。许多人会刻意避免冲突。换句话说，他们会采取将他们自己抽离冲突的行为，包括提交辞呈，希望从团队或状况中退出。
- **降低信任**。通常在冲突环境下，团队成员会失去对其他团队成员的信任。失去信任会减少团队成员在项目中或在团队成员之间承担风险的意愿。
- **增加敌意和派系**。信任的降低还可能导致消极的团队行为，如建立敌意和派系。这种行为将会对团队的凝聚力和绩效产生负面影响。①

冲突也会带来一些积极影响，包括：

- **对现状的挑战**。人们可以通过不同的方式来看待同一种情况。在许多情况下，冲突会带来一种新的处事的方式。
- **让团队参与到问题解决中来**。你可以将冲突作为一种问题，通过使用第 5.3 节介绍的问题解决方法来加以解决。
- **最小化群体思维**。通常一个团队一起工作很长一段时间后，会渐渐形成一致性思维，相似的行为和模式会反复出现。这种自适应行为并不一定是坏事，但对现状进行一定程度的挑战并识别不一样的思维模式可能是件有益的事。
- **加深团队关系**。当团队一起共同解决冲突和问题后，团队成员间的关系会加深，团队的动力会得到提升。

一个获得非常广泛认知的冲突解决模型是建立在 Ralph Kilmann 和 Kenneth Thomas②的工作基础上的。这个模型在两个维度上衡量对冲突状况的解决方法：主张程度和合作程度。换一句话说，一个人希望坚持自己主张（自信度）的程度和一个人愿意满足别人主张（合作度）的程度。基于这两个维度，有 5 种类型的冲突解决模式：竞争、包容、回避、合作和妥协。

---

① Stackpole Snyder, C., *Manage to Lead: Flexing Your Leadership Style*. Project Management Institute. 2012.

② Thomas, K.W., and Kilmann, R.H., *Thomas-Kilmann Conflict Mode Instrument (TKI)*, Mountain View, CA, 1974.

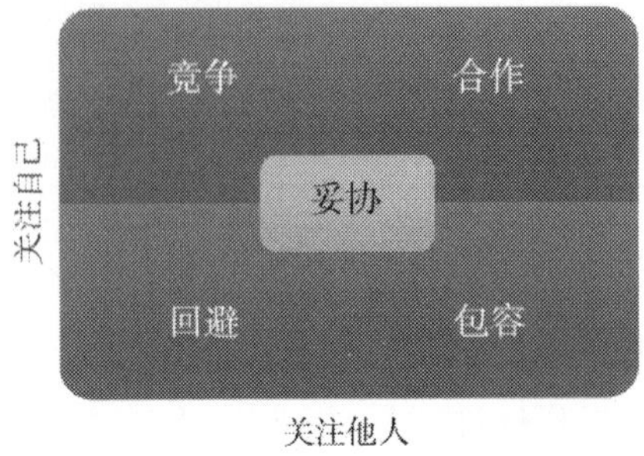

- **竞争**是一种坚持自己主张且不合作的行为——一个人牺牲他人的主张而坚持自己的主张。这是一种建立在权势上的模式，可以是任何让你维持你方主张的权势——你的争论能力、你的地位或你的经济实力。竞争意味着“为你的权利代言”，捍卫你认为正确的主张，或者仅仅只是要赢。
- **包容**是一种不坚持自己主张且愿意合作的行为——刚好和竞争相反。在包容模式下，一个人可以忽略他自己的主张来满足其他人的主张，有一种自我牺牲的意味。包容可能以慷慨大方或慈悲为怀的形式出现，你虽然不愿意，但仍然屈服于别人的观点，或遵循别人的主张。
- **回避**是一种既不坚持自己主张又不愿意合作的行为——这个人既不坚持自己的主张，也不认同他人的主张。取而代之的是，他对冲突完全不响应。回避可能以外交手段回避问题、推迟问题直到有最好的解决时候，或者只是简单地从感到威胁的环境中逃离等形式出现。
- **合作**是一种既坚持自己的主张又合作的行为——刚好和回避相反。合作包括和他人合作找到适合的、能满足双方主张的解决方案。这意味着要深度挖掘问题，精准地找到相关各方的底层需要和需求。多方协作可能以探究不同观点、找到各方主张为出发点，或者找到人际问题创新的解决方案。合作通常包括多方参与，可以得到双赢的解决方案。
- **妥协**是一种在坚持自己的主张和与他人合作两者中进行折中的行为。目的是找到双方都可以部分接受的解决方案。它恰好处于竞争和融合的中间状态。妥协比竞争放弃更多自己的主张，但比包容放弃得要少。同样地，妥协对冲突的解决相比回避更为直接，但又不如合作来得深入。在一些情形中，妥协可能意味着双方都退让一步，进行一定的交换，或者寻找快速的折中解决方案。

我们每个人在不同的环境下会选择使用不同的冲突管理模式。我们倾向于选择可以主控的模式，因为我们的感觉会更舒适，但我们也能在需要时使用其他模式。下表列出了 5 种冲突解决模式和它们各自有效的使用情形。

模　式	情　形
竞争	当你需要做一个不常见的决定时
	当你需要立即采取行动时
	当利益很大时
	如果人际关系不重要时
	（注意这往往不是一个长期有效的模式。你应该只在其他模式都失效的情形下才使用这个模式。）

续表

模式	情形
包容	完成一个首要目标
	为了展示开放性和灵活性
	为了维持和谐关系
	当任何解决方案都足以解决问题时
	当你无论如何都无法实现自己的主张时
	为了建立良好的商誉时
回避	当你不会赢时
	当你的利益很小时
	如果你需要一个冷静期
	为了坚持中立或维持声望
	如果问题会随着时间的推进而自行解决
合作	如果有足够时间并存在信任
	如果目标是为了学习
	如果你对对方的能力有足够的信心
	在多元文化环境中很有效
	如果你想得到一个双赢的解决方案
妥协	当所有相关方都想赢时
	如果冲突的所有相关方都有平等的关系时
	为了避免直接冲突

怎样使用它

使用以下步骤为指导原则。根据你的环境，裁剪那些步骤。

1. 清楚地阐述冲突。你应该能够陈述各方的主张，或许你还能说明产生冲突的源头。你不能在各方尚不了解分歧点时解决冲突。

2. 定义参与规则。制定讨论冲突的规则是一个很好的主意，比如不可以翻出过去的冲突说事，不可以不尊重对方，不可以打断对方的陈述，不可以跳出冲突环境做武断决定等。

3. 识别成功的解决方案应该是怎样的。思考你希望从这个冲突的解决方案中得到什么。你可能不需要对解决方案感到兴奋。也许你可以同意一个不能满足你所有主张，但也不违背你的任何核心价值观的解决方案。

4. 了解如果冲突不解决意味着什么。在某些情况下，时间能解决问题。

5. 对解决方案和决议进行头脑风暴。和解决问题类似，你可以针对解决方案进行头脑风暴，讨论各种不同的可选方案。经常会存在不止一种的解决方案。

6. 识别可能的解决方案中的任何风险、问题或消极后果。有时候，你可以找到一个双方都能接受的解决方案，但它可能给下游带来风险或问题。确保你了解每个潜在解决方案可能产生的影响。

7. 选择能解决冲突的最佳方案。考虑你识别的成功解决冲突的标准，以及不同解决方案可能带来的风险或问题，选择最佳解决方案。

场景：你被要求满足 Top Dog 项目服务公司发展的需要。

本案例讲述如何将每种冲突管理风格运用于各种不同的冲突中，以满足 Top Dog 公司扩大办公区域的要求。

竞争。宾夕法尼亚州办事处的搬迁项目组已经确定了 4 个可能搬去的地方。项目组向员工分发了一个调查表，来获得他们对 4 个地方的反馈。很快他们就意识到，无论选择哪个地方，都有一些员工会不喜欢。项目经理将调查结果和每个地方的好处和坏处汇总在一起向分公司管理层进行了汇报，同时推荐了其中一个方案。在审查了所有信息后，分公司管理层选择了并非项目组推荐的另一个地方。

这个竞争模式示范了做出不常见决策、公司高层决定一切的案例。分公司管理层拥有权势（权利），有权在冲突管理中使用竞争的方式。

包容。西雅图办公室通过在一个新的大楼里租赁办公场地，以及推行在家办公的形式来满足业务增长的需要。办公区域扩大工作组希望立即推广在家办公，以缓解当前办公室越来越挤的现状。他们向分公司管理层递交了方案。分公司管理层同意了他们新办公室的方案，但是告诫他们只能在在家办公项目试验完成且公司总部发布支持在家办公的政策之后才可以实施。

办公室扩大工作小组对新办公室获得批准表示开心，但是对不能立即开展在家办公表示失望。由于他们没有足够的地位来争取，并且他们希望能和分公司管理层维持良好的关系，因此他们只能采取通融的应对方式接受了高层的决定。

回避。南加利福尼亚州办事处正在进行在家办公项目的试验。项目团队的一个成员认为应该让参与在家办公试验项目的员工加入他们的项目团队中，由他们先提出想法，然后项目团队才着手起草第一稿在家办公的政策和流程。项目团队的另一个人认为他们应该先起草一份政策和流程，然后拿给那些参与试验的员工提意见。你意识到他们中间存在冲突，但是你选择不参与其中，因为你知道，任何一种方法都是可行的，并且项目团队最终会拿出一套政策和流程来支持 Top Dog 公司的需求。

合作。爱达荷福尔市的项目经理担心他们会晚于计划时间进入需重新装修的大楼开工。作为城市改造项目的一部分，爱达荷福尔市目前到处都在开挖，升级电力、水系和光缆。因为所有这些建筑工程的关系，市政部门明白，城区的交通已经是个非常大的问题，他们也不想大楼的改造工程同步进行，这样会使得问题更严重。

Top Dog 公司的项目经理对于必须等到 11 月才能开工表示忧虑，因为这将意味着他们必须在冬天进行施工。在爱达荷的冬天建筑施工，并不是一个好的选择。

负责城市改造的市政管理部门的项目经理、Top Dog 公司的项目经理及 Top Dog 改造工程的总包商一起召开了一个会议，讨论是否可以找到一个能满足各方需求的解决方案。Top Dog 的项目经理询问市政部门是否可以在道路不施工时，允许他们进行建筑施工。城市管理部门希望 Top Dog 能够在这个想法上继续深入思考。Top Dog 的项目经理表示，也许总包商可以安排人手在周末进行工作，这样就不至于对工作日的城市交通带来影响。

市政部门认为只要总包商认可在大路不通的情况下仍然可以开展工作，那么这是个可商量的选项。总包商只能将物料和设备从后巷运入，因为前门大路被封闭进行市政施工了。总包商表示，他去现场及后巷入口进行了勘察，虽然其他进入路径都已被封锁，但是后巷的宽度足以容纳设备和卡车运输。

市政部门对周末封锁后巷表示没有问题。市政项目经理表示，他们的施工团队可以每周工作 4 天，每天工作 10 小时。让 Top Dog 的总包商可以每周有 3 天进入大楼开工，也就是说每周允许有 30 个工作小时。这个方案要延长原定计划的施工周期，但是在天气变冷之前，他们有足够的时间完成隔热和窗户安装等工作。等市政工程的道路完工，他们就可以恢复正常的工作进度。

这个案例展示了合作的问题解决方法，参与各方创造性地进行合作。

妥协。宾夕法尼亚州的搬迁地址已经决定了。然而遗憾的是，现在的办公室租约到期两个月后，新办公室才能使用。设施经理同目前的业主进行接洽，通知她 Top Dog 将要搬迁。他询问业主是否可以延长 3 个月的租期。业主对失去一个租客表示不开心，但也表示理解 Top Dog 增长的需求。她表示可以延长租期，但是租金将比现在的租金高 10%。她同时表示，按月租赁将每月加收房租 15%的额外费用。

设施经理表示，这是一个非常大的变化。他指出 Top Dog 在过去的 5 年里都是一个非常好的租客，同意提高 3 个月的月租金 10%，但希望业主能豁免月租的额外费用。因为他认为这是租约延长，而不是一个全新的租约。业主提出，如果设施经理能够允许潜在租客进入 Top Dog 的办公室察看场地，以决定他们是否有兴趣租下，那么她可以同意豁免额外费用。设施经理提出，只要在 24 小时前通知他们，并且在客人参观过程中有一位 Top Dog 的同事陪同即可。业主表示认同后，双方起草了协议。

这个例子展示了双方都有互让。双方都没有得到自身想要的所有诉求，但他们也都得到了各自想要的部分利益。

补充信息

想从冲突中挖掘并培养有利的部分，减少或降低负面影响，可以尝试以下 5 个步骤。

开诚布公地沟通。通常情况下，当我们处于冲突状态时，我们会停止沟通，这或者是因为我们在交流中缺乏安全感，或者因为我们对情况变得冷漠，不再关心结果。无论你采取什么步骤，在冲突各方之间展开对话，都将有助于局势的发展。

关注问题，而不是人。记住，冲突源于视角的不同，不是人的问题。在解决问题的时候，要保持行为上的尊重。

区分利益和立场。利益是人们想要的结果，立场是他们在冲突中所在的位置。关注每个人想要的结果，而不是他们站在什么立场上。

关注当下，而不是过去。关注当下的问题，而不要考虑以前发生过或有什么类似的情况。你可能因为与同一个人或另一个人之间遇到过类似情况而感到沮丧。过去的那些回忆不能帮助你解决当前的问题，只会让情况更糟。

共同寻找替代方案。通过同事寻找解决方案和可能的替代解决方案，人们可以修复由于冲突引起的伤害，并建立一个更有建设性的关系。此外，共同努力的过程可以为解决方案带来更多的创造性的选择。

《项目管理知识体系指南》（第 6 版）相关章节

4.1 制定项目章程

4.2 制订项目管理计划

9.4 建设团队

9.5 管理团队

10.2 管理沟通

13.3 管理相关方参与

5.2　制定决策

它是什么

制定决策是在多个选项中选择行动方案。在项目中我们时不时地要做出决策。许多决策很简单，也有一些很具有挑战性。如果对制定政策的过程且与好的决策相关的因素有了解，那么挑战性的决策会带来更多产出。要制定优良的决策，记住以下这些秘诀：

- **关注大格局。**你做的很多决策会影响项目的其他方面、另一个项目或组织的运营。
- **了解你的和别人的偏见。**确保决策不是根据你或参与决策的其他人的兴趣或偏见制定的。
- **保持开放心态。**准备好最后的决策可能是你从未思考过的方案。
- **有逻辑地解读和分析数据，把观点和事实分开。**应该根据事实决策，而不是观点。运用关键思考和良好的质询方法，确保你对信息的分析是有逻辑的和准确的。

怎样使用它

使用结构化步骤可以帮助你有效地决策。使用以下步骤为指导原则，根据你的环境，裁剪那些步骤。

1. 准确、清晰、精确地定义决策。在某些情况下，定义决策是制定决策中最具有挑战性的一个环节。让你的相关方对你希望做什么及如何做达成一致可能是一件很困难的事。

2. 定义评估数据和行动方针的标准。制定决策的条件可以包括风险和收益比、失败和成功的机会比、实施的难易程度、与项目目的的一致性、获得间接收益的机会等。你可以使用备选方案分析（见第 2.1 节）中的内容来提供一个决策框架，量化你的决策标准。

3. 对假设进行质疑。在你们进行决策之前，你应该审视你和你的伙伴们在进行决策时，对和决策相关的可变因素进行的假设。

4. 确认你决策时所使用的数据是可靠和可信的。

5. 头脑风暴各选项。考虑不同的决策和它们可能带来的结果。

6. 应用标准。一旦你有了众多可能的决策候选项，你应该对它们进行评估，看看它们是否满足第 2 步中定义的评估标准。

7. 选择最好的候选项。选择一个可以满足决策标准、风险是可接受的且有成功机会的候选项。

场景：你被要求满足 Top Dog 项目服务公司发展的需要。

由于市场份额的扩大和最近的收购，西雅图办公室的发展已经超过了目前办公空间所能容纳的限额。你的项目是为 25 名员工找到更好的办公场所，并计划未来两年还需要增加 50 名员工。你项目的第一阶段是评估和选择。一旦你评估了所有备选项并选择了最好的场地，项目的后续部分就将集中于对新办公场地的规划和落实。

为了做出这个决策，你组建了一个办公室扩展工作组，这群人拥有各方面知识。你要确保和你一起工作的人对可能的备选方案全部进行了核查，并在决策时采用开放式态度、相互协作且用公开和尊重的方式进行了充分的交流。你从不同部门选择了一群人协助你收集信息，定义制定决策的标准，进行头脑风暴，并且最终为你服务的公司做出最好的决定。

人力资源部。人力资源部的 Marge 从人力资源的角度了解了当前的行业趋势。她刚完成了你所在组织在家办公试验项目的评估工作。她对公司员工满意度、公司从收购中获得的劳动力、业绩，以及公司将来的招聘预测等情况了如指掌。

设备部。从空间计划角度，来自设备部的 Bill 掌握对工作空间的需求。他了解员工办公空间每平方米的成本，可以成为任何涉及员工工作空间获取、租赁和改造的项目的领导者。

运营部。VJ 为项目组带来政策、流程、员工办公家具、设备及工作流管理等方面的技能。

市场和销售部。Janice 了解市场趋势、竞争对手和销售增长预测，她被识别为流失可能性很高的员工，因而对她的销售业绩产生了负面影响。

你自己。作为项目经理，你的强项在协调、实施、计划和宏观思考等方面。

由于你只有有限的时间来向高级管理层提出建议，你和项目团队成员设置了以下期望：

- 会议 1。定义决策目标并确定评估备选项的标准。
- 会议 2。用质疑的方式审查项目假设，并探索数据的可靠性。
- 会议 3。进行头脑风暴，获得备选项，应用标准得到一个方案建议。

会议 1

在办公室扩大工作组的第一个会议上，你回顾了包括两项收购在内的公司过去 3 年的发展趋势。你让 Janice 陈述了员工离职统计的信息，因为要达到 50 名额外雇员的增长目标时，你必须记得先要填补目前的空缺。Janice 提供了根据产品线和时间段分类的雇员增长预测，这样你就能了解预期的增长率和相应需要雇用的员工类型。

Bill 介绍了在当前地段租赁和房地产买卖价格趋势的信息。VJ 介绍了未来 3 年内可能的技术进步会给员工生产率带来的影响。

在评估了这些信息之后，与会的所有人达成了一个简洁而完整的决策定义，你得到了以下最终成果：

在 90 天内找到最佳场地来容纳至少 25 名员工，并且允许在接下来的两年里，每年增加 25 名新员工。

接着你请项目团队的每个成员识别他们认为对项目和公司的成功最重要的标准。每个人都贡献了他们的想法，你将这些想法尽可能地结合在一起，并且组织大家一起进行头脑风暴，找到其他更多的标准。最终你得到了以下结果：

1. 解决方案必须解决当下的直接需要，即找到能容纳目前 25 名雇员的场地。
2. 解决方案必须给员工满意度带来正面影响。
3. 解决方案对目前的人均员工工位成本增加不能超过 10%。
4. 解决方案需要改善公司新近并购案中的员工条件。
5. 解决方案对工作流程不能有太大改变。
6. 解决方案不能引起官僚主义。

7. 解决方案对员工的扰乱应该越小越好。

工作组对他们所做的工作感到满意，并且认为决策标准将会引导他们获得好的决策。他们同意在下一周思考他们各自对项目的假设。你还要求他们更新并验证和租金、采购价格、改造成本、员工满意度和市场增长预期等相关的所有量化数据。

会议 2

会议伊始，Bill 分享了租金和购买成本的更新数据。之前的数据是 18 个月前的。公司地处一个高速发展的区域，导致购买单价在过去的 18 个月内增长了 15%，租金价格增长了 8%。Merge 重新检查了员工满意度数据。Janice 将公司核心产品的销售数据提升了 5%，这个销售数据的增长可能在未来第一和第二年的新增雇员数调整到每年 30 名雇员。

你询问了每个人对项目的想法和假设，以及项目成功的驱动力。

VJ 表示他认为目前的高离职率是因为员工工资低于市场水平。

Marge 认为工资和市场水平相当。她认为，员工们是对工作条件不满意。她说，在她参与评估的在家办公试验项目中，员工表现得更有生产率，员工对一周中能有两天或更多时间使用电话进行交流表示更高兴。

Janice 表示，一些竞争对手公司虽然并没有给出更高薪资，但能通过让雇员在家办公，或者提供每周 4/40 工作制来留住员工。

Bill 认为工作环境不是最好的。随着公司的成长，不停地对办公场地、家具和设备进行修补，目前的工作空间是有问题的，而且不同部门的工作环境是有差异的。

你看到每个人有不同的假设，这会影响团队讨论出满足条件的、对员工满意度产生正面影响的结论。你让 Marge 在下次会议之前对最近的 50 名离职员工面谈记录进行梳理，并且汇报结果。

会议 3

Merge 报告了雇员离职的最大原因。

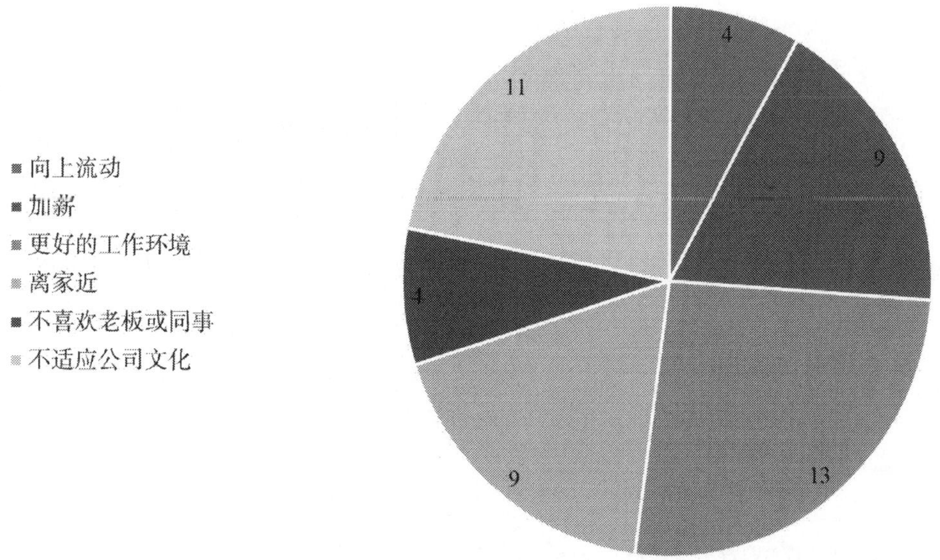

她陈述道，“不适应公司文化”这项占比很大，主要来自那些被收购的公司的雇员，他们在公司完成收购后很短时间内离职。

根据这些新材料，你开展了一个头脑风暴讨论会，寻找解决问题的备选项。大约 15 分钟以后，团队成员达成 3 个备选项的共识：

1. 推行一个在家办公项目。
2. 建立一个弹性工作制项目。
3. 在附近办公园区租借新的办公场地，可以在未来 3 年内容纳 100 个新员工。
4. 买下目前的办公场地，以及目前其他公司租借的另一个楼层，重新进行规划。

你使用评估条件衡量每个备选方案。如果备选方案对某个条件有正向影响，那么得+1 分；如果影响中性，那么得 0 分；负面影响得–1 分。

衡量条件	在家办公	弹性工作	租借场地	购买和重建
解决方案必须解决当下的直接需要，即找到能容纳目前 25 名雇员的场地	+1	0	0	–1
解决方案必须给员工满意度带来正面影响	+1	+1	+1	+1
解决方案对目前的人均员工工位成本增加不能超过 10%	+1	+1	+1	–1
解决方案需要改善公司新近并购案中的员工条件	–1	–1	+1	+1
解决方案对工作流程不能有太大改变	0	0	+1	+1
解决方案不能引起官僚主义	0	0	+1	+1
解决方案对员工的扰乱应该越小越好	0	0	0	0
得分	2	1	5	2

根据这个结果，你得到了一个结论：相对于购买和重建办公室而言，租借新办公场地是最好的方案。你还决定提出扩大目前在家办公项目范围的建议，来满足立即能够为 25 名员工找到办公空间、提高员工满意度和降低员工离职率的需求。

补充信息

随着制定决策过程的推进，你需要管理环境和团队。你需要特别对以下方面加以注意：

对假设提出质疑，而不是对人。对假设提出质疑是好的，但是要确保你质疑的是假设本身，而不是持有假设观点的人！

管理不确定性。人们对不确定的事物都是不舒服的。在你力所能及的时候，尽你的可能引入确定性。

管理团队动能。做出困难的决策往往给团队成员带来不好的后果。确保你正确地管理团队的动能，使得过程更有建设性。

有些时候，一个人制定决策是最好的方法，当然另一些时候，采用团队决策过程也许是更好的选择。

当你为手上需要决策的事情选择最好的方法时，记住这些指导原则。

一个人决策往往在下面这些情形时有最佳输出：

- 当时间很重要时。
- 当团队接受度不是很重要时。
- 当可以为决策制定识别出一个最佳决策者时。
- 如果团队动能不处于建设性状态时。

团队决策在下面这些情形时可以很好地工作：

- 有一群拥有多样性知识和技能的人时。
- 团队有开放式讨论的习惯，并且有能接纳好建议的氛围时。
- 复杂的问题需要收敛思考时。
- 需要团队成员都能接受决策时。
- 相关人员能改进解决方案时。
- 团队可以高效协作时。
- 有足够的时间进行情况分析时。

《项目管理知识体系指南》（第 6 版）相关章节

9.5 管理团队

5.3 名义小组技术

它是什么

名义小组技术是一群人一起工作，将一些备选项按优先顺序排序的一种方法。名义小组技术通常和头脑风暴结合使用，对主张、解决方案或备选项进行排序。

使用名义小组技术工作时，先列出一批不同备选项或解决方案。如果需要的话先逐一讨论，以便确保每个人都能明白每个备选项或解决方案。然后每个团队成员对他们倾向的备选项进行投票。投票结果按照得票数的多少进行排序。

你可以裁剪这个技术，让大家投票选择最优的三个备选项（或你希望的任何个数）。你也可以让大家对备选项评分。例如，排第一位的打 5 分，排第二位的打 3 分，排第三位的打 1 分。然后将大家的打分加总，得到每个备选项的得分排名。

名义小组技术是有意义的，因为这个方法对每个人的参与意见进行了衡量。不存在某个人的意见比其他人的意见分量更重的情况。这是一个简单的可以让团队达成一致的方法。因为它是客观的、透明的且公平的达成共识的方法。

怎样使用它

使用以下步骤为指导原则。根据你的环境，裁剪那些步骤。

1. 在一个会议室里为团队布置足够多的椅子，一块白板，足够多的 16 厘米×22 厘米大小的白纸（用以记录每个想法），以及胶带纸。如果你想用便利贴来投票的话，也要准备好。

2. 如果你已经有一批待排序的备选项或解决方案，那么在每张 16 厘米×22 厘米大小的白纸上写上一个备选项，并粘贴到墙上。

   a）如果需要，先使用制定决策（第 5.2 章）、解决问题（第 5.4 节）或头脑风暴（第 1.2 节）等工具，得到一系列备选项。

3. 如果需要的话，对每个备选项进行总结提炼，让每个人都能明白。

4. 让参与者对他们认同的前三个备选项排序评分。其中，最倾向的备选项获得最高分，倾向度最低的获得最低分。

5. 在白板上写下每个备选项，并且将每个备选项得到的票数分相加，确定人们最终的选择。

场景：你是一个项目经理，该项目要为你所在公司的员工建立一个托儿所。

你希望孩子的父母们能对托儿所的食物服务提出建议。你在过去的一周中，开启了一个在线的头脑风暴会议，收集了很多主张和需求。现在你请求家长们对这些建议打分，然后你就可以将结果作为服务提供商的选择条件。

线上头脑风暴讨论会共产生了 12 个需求。你召集家长们开会，协助你对这些需求进行优先级排序。在会议中，你将每个需求写在一张白板纸上，并且贴在墙上。你在每面墙上贴了 3 个需求，4 面墙正好贴满所有需求，这样每个家长在投票的时候能有一些私密性。在房间中央，你有一个白板，列出了所有需求，在白板周围你放置了半圈椅子。当家长们抵达后，你先向他们解释每个需求，让他们有问题可以提出来，以便进一步解释。然后你告诉他们如何打分。

每位家长拿到 3 张便利贴。一张上面写着数字 3。每个人需要将这张便利贴贴到对他来说最重要的需求上。接下来的一张便利贴写着数字 2，需要将这张便利贴贴到次重要的需求上。最后一张便利贴写着数字 1，将它贴到第三重要的需求上。

一旦所有人明白了如何开展这项投票活动，你就让大家起身去对墙上的需求进行投票，投完票后回到自己的座位。随着所有人投票完成，你让其中一位家长帮助你大声报出每个需求的得分。最终，你获得了 8 个得分非常接近的需求，另外 4 个则相对不太重要。你需要最终得到清晰的、最重要的需求，因此你让家长们对 8 个得分接近的需求展开第二轮投票，但这次他们只有 2 票。最重要的是 3 分，次重要的是 1 分。你希望这个方法可以等到更为有效的投票结果。

你再一次加总分数，得到以下 4 个得分最高的需求：

a. 健康的食品

b. 本地直供

c. 良好的参考案例和客户反馈

d. 合理的价格

你对家长们的参与表示感谢，并许诺会让他们持续了解后续供应商选择的情况。

补充信息

你可以进行多轮投票将备选项从大范围缩小到小范围，然后再在小范围中选择最倾向的结果。

《项目管理知识体系指南》（第 6 版）相关章节

5.2 收集需求

5.4 问题解决

它是什么

问题解决是识别问题、确定解决问题的备选方案的优先级，并且选择和实施解决方案等一系列有意识的行为的总和。解决问题的最佳方法取决于问题的性质。

对于简单的问题，很容易定义问题，也很容易理解和实施其解决方案。简单的问题，通常最好由一个有能力理解潜在解决方案可能带来什么结果的人实施。

复杂的问题可能很难进行定义，相应地很难澄清其解决方案或决定。对于复杂问题的好的解决方案是什么，多个相关方团体可能持有相反的观点。复杂问题的所处环境可能是混乱的或不稳定的。所有这些给解决问题或做出决策带来了复杂性。对于复杂的问题，当你和一群代表不同观点的人一起工作时，会得到相对更好的结果。

解决问题时需要考虑的另一个方面是对解决问题有利的思维方式。有些问题需要发散性思维，这意味着需要头脑风暴、产生多种备选方案、接受非传统的处理方式等。在另一些情况下，趋同的思维方式是最好的。换句话说，缩小备选项的范围就是在有限数量的备选方案中进行选择。

怎样使用它

使用结构化步骤可以帮助你有效地解决问题。以下 7 个步骤可以指导你完成整个过程①：

1. 定义问题。最重要的一步，通常也是最困难的一步，就是清晰地定义并简明地阐述你正在努力解决的问题是什么。重要的是与你的团队合作，或者和其他试图解决这个问题的人一起工作，以确保你们对正在解决的问题都有一个共同的理解和清楚的认识。与所有合适的相关方一起就问题达成一致意见可能比较有用。一个明确定义的问题包括两个部分：① 正在发生什么；②正在发生的事情会带来何种结果。问题不应该包括解决方案。

2. 识别你想要达到的结果。一旦定义了问题，你就需要识别解决问题需要怎样的结果。如果不能清楚地理解什么样的结果可以接受，你将无法在可能的解决方案中做出最佳选择。

3. 选择你应该用来解决问题的条件。如果在解决问题时需要满足或考虑某些条件，你就应该先识别这些条件。如果有多个条件，那么可以将它们根据重要性排序。

4. 对解决方案进行头脑风暴。一旦完成了定义问题、识别想要达到的结果、选择应该用来解决问题的条件等前述所有准备工作，你就可以开始用头脑风暴的方法找寻解决方案。记住，头脑风暴应该让思维自由流动，不应该用任何标准或条件来控制思维。头脑风暴是一个创造的过程，可以用来获得尽可能多的备选方案。

5. 将备选解决方案与解决问题的条件相比较。一旦头脑风暴结束，你可以开始将不同的备选方案和选出的解决问题的条件进行比对。在这个步骤中，很多备选方案将遭到淘汰，留下一组能满足条件的解决方案。

---

① Stackpole Snyder, C. *Manage to Lead: Flexing Your Leadership Style*. Project Management Institute. 2012.

6. **识别每个可能的与解决方案相关的风险、问题或负面影响**。一些可能的解决方案会带来新的风险或问题，或者可能加剧现有的风险或问题。在这一步完成之后，你应该有至少一个可行的解决方案。

7. **选择最好的备选方案**。如果你拥有多个解决方案，选择那个成功可能性最大、成本最低且需要耗费精力最少的方案。如果需要的话，可以对其他方案排序作为后备。

场景：你管理了一个为公司开发新网站的项目。

在过去的一个月中，网站开发项目一直显著地落后于进度计划。此时，项目经理召集了一组团队成员来协助解决这个问题。

项目经理安东尼给出了以下信息：

“自从我们开始这个项目的设计以来，我们就一直显著地落后于进度计划。目前，我们在关键路径上落后了两周，即将迎来一次项目评审。这个项目的技术工作并不那么具有挑战性，因此这可能不是问题的所在。”

系统工程组长安妮说：

“嗯，我们有充足的人力资源，但大多数设计师离开学校还不到 5 年，他们算是公司的新成员。有好几次，他们花了比一个经验丰富的设计师更长的时间来完成他们的工作，而且他们犯了一些错误，从而返工，项目进度不得不回调。”

资源经理比尔指出，最初的进度估算基于这样的假设：所有的团队成员至少有 5 ~ 10 年工作经验，拥有平均技能水平和生产率。

安东尼说：

“我认为，我们可以把问题的根源归结为这样的事实：正在进行这项工作的人与估算这项工作时假设的人不同，他们的技能和专业知识比估算时的假设要少。这使得我们可以将问题描述为‘由于缺乏有经验的团队成员的参与，完成工作需要更长的时间’这样对吗？”

团队认同了这个问题定义，并着手定义他们想要达成的结果。根据简短的讨论，他们确定了以下结论：

1. 认可延期了两周进度。
2. 识别一种能避免未来项目进度变得更慢的方法。

比尔说：

“我想确认我们解决问题的条件包括提升这些团队成员的技能，而不是对他们进行纪律处分。我认为他们都是好的团队成员，他们只是需要得到帮助来提高技能。”

安妮补充说，她需要确保所有的政策和质量检查都到位。项目财务官布莱恩表示，他可以从应急储备中拨出一部分资金，但用于项目进度回归计划的资金不能超过 12 000 美元。

团队讨论了解决问题的条件，并且将其排序为：

1. 必须在所有的政策范围内。

2. 解决方案使用的应急储备不能超过 12 000 美元。

3. 团队成员可以获得能使他们技能提升的帮助。

一旦确认了以上解决问题的条件，4 个人就开始进行头脑风暴来寻找问题的解决方案。他们持续了大约 20 分钟，得到了几个可能的备选方案。他们将每个备选方案和解决问题的条件进行比对，放弃了几个超出质量标准或成本过高的方案，剩下的是下列方案：

1. 聘请两位外部设计师，为期 3 周。

2. 将现有资源分配到相对不那么重要的项目上，引入更高级的设计师。

3. 聘请一位具有丰富工作经验的组长来指导现有的设计师。

接着评估这些解决方案的风险和其他负面影响。根据团队目前的状态，讨论小组认为将现有资源分配到其他项目并引入更高级的设计师将会让项目进度进一步落后于计划，而且会给人留下当前项目失败的印象，这样做也不利于这些团队成员提升他们的技术能力。

在评估了剩下两个解决方案之后，团队决定引入一个具有丰富经验的组长来完成一些更具有挑战性的工作，并且帮助现有的设计团队找到更聪明、更快捷的工作方法。他们决定暂时不邀请外部设计师，但认同如果项目进度在未来两周内没有得到改善的话，再回来评估这个方案。

补充信息

有时候，当你需要人们专注于解决问题的时候，他们会陷入责备和抱怨中。你可以把对话框定在“我们”和“问题”上，而不要让大家互相指责。

解决问题时，要注意确认偏见的存在。确认偏见是寻找符合你先入为主的印象的解决方案。重要的是要保持开放的心态，而不只听符合你观点的信息。类似的偏见称为投射。投射是指假设其他人拥有和你类似的信念或价值观。投射难以被察觉，因为我们常常看不到自己的信仰，也意识不到它们可能是不正确的。

《项目管理知识体系指南》（第 6 版）相关章节

8.2 管理质量

9.6 控制资源

第 6 章

其他技术

Other Techniques

6.0 其他技术概述

这一章是对不能归类到前面五大类的技术的一个汇总，但在管理项目时，了解这些技术非常重要。它们中的一些是项目管理的基础技术，如紧前关系绘图法、关键路径法和滚动式规划。你还可以看到一些更为专业的技术，如提示清单、系统交互图和原型法。

本章将介绍的技术有：

- 系统交互图
- 关键路径法
- 资金限制平衡
- 检查
- 提前量和滞后量
- 紧前关系绘图法
- 提示清单
- 原型法
- 资源优化
- 滚动式规划
- 进度压缩

本章描述的那些进度技术是与进度管理软件相适应的，因此你将会读到许多使用软件制订进度计划时在后台发生的事。当然了解进度软件系统在后台做了什么是有好处的，你可以在需要压缩进度或认为系统表现不很正确时分析并解决问题。

6.1　系统交互图

它是什么

系统交互图经常用于系统工程类项目和软件设计类项目。系统交互图展示了系统或过程及其边界、与之交互的人或其他系统。它为系统提供了一个高层次的视角，一眼就能明白系统或过程的范围和边界。大部分系统交互图都使用以下形状来绘制：

- 圆形，是你正要建模的过程。
- 长方形，是与圆形交互的系统、过程或人。
- 箭头，表示输入或输出的方向。

怎样使用它

使用以下步骤为指导原则。根据你的环境，裁剪那些步骤。

1. 在图形中央用一个圆表示你需要建模的系统或过程。

2 . 识别和你的目标系统交互的人、系统和过程，这些可以称为“操作者”。操作者是一种角色而不是一个人，如学生、客户等。

3. 使用箭头在每个操作者与过程或其他操作者之间，画出信息流动的方向。

4. 在箭头上加以说明，表示角色和过程之间传递了什么信息。继续询问“为什么”，深入挖掘每个子类型，直到完成图上的所有分支。

场景：你管理了一个为公司开发新网站的项目。

作为公司内网升级项目的一部分，你为餐厅设计了一个线上点餐系统，允许员工登录手机应用，查看菜单，下单并付款。他们可以凭收据到餐厅的取餐处取餐。

你正在和餐厅经理及厨房员工讨论他们的需求。他们对这个想法很感兴趣，因为他们认为这会减少用餐高峰时段人们的等待时间和降低餐厅的拥挤程度。雇员们会喜欢这个想法，因为他们可以提早预订，准时取走食物。

餐厅经理想要知道是否可以使用同一款软件帮助他们追踪是否出菜，以便帮助他们管理库存。在讨论了所有需求后，厨房员工和餐厅经理都认为需要软件提供一个整合了系统生成的销售报表和人工清点的库存清单的报告。有了这个报告，餐厅经理可以向供应商下订单，供应商就能将原料送给厨房员工。

这些人一起将以上这些内容放在一起，制成系统交互图，为程序开发人员编程提供了一个高层次流程图。

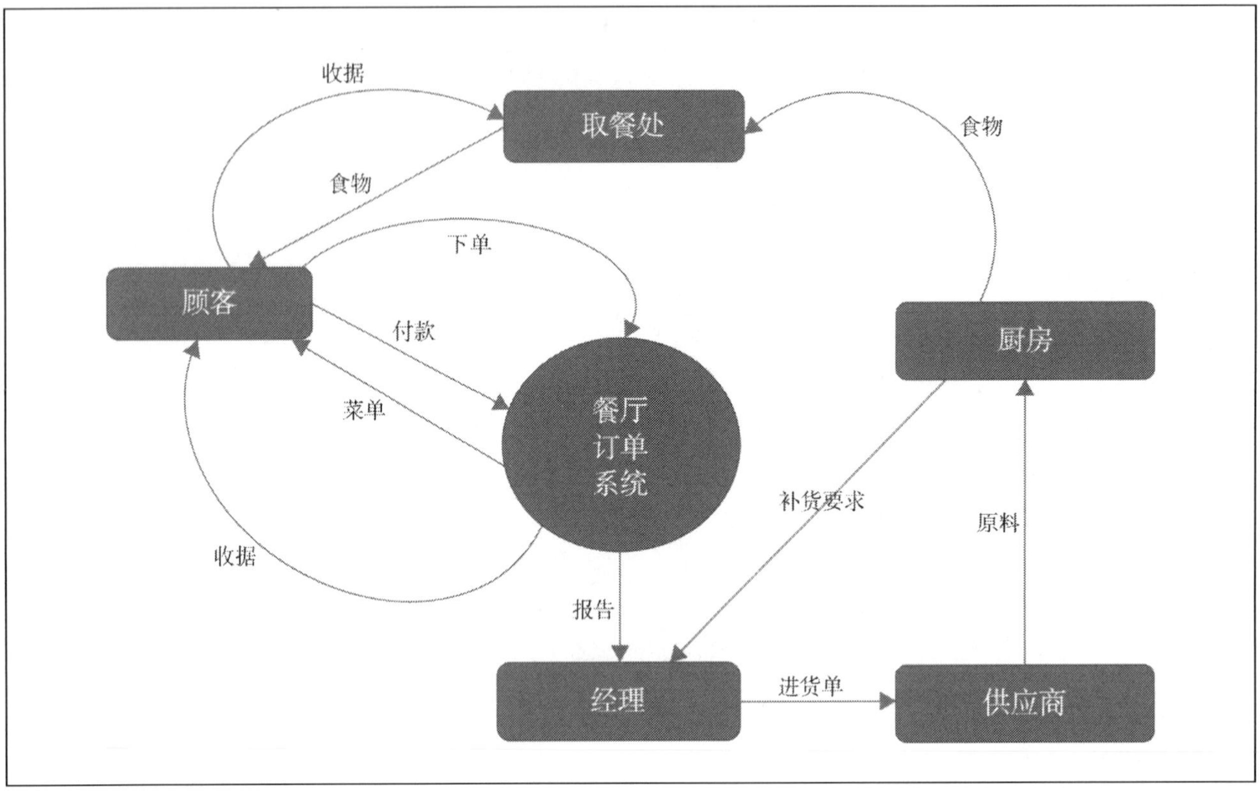

补充信息

系统交互图不展示过程的步骤，理解它不需要任何技术背景。

《项目管理知识体系指南》（第 6 版）相关章节

5.2 收集需求

6.2　关键路径法

它是什么

关键路径法是制订进度计划中最常见的技术，也是进度软件中最常用的方法。关键路径法使用网络图和活动持续时间，计算活动的最早和最晚开始时间，以及活动最早和最晚完成时间，确定活动发生的日期范围。大部分关键路径分析是在资源加入进度模型之前完成的。由于活动的持续时间是由资源执行工作决定的，因此随着资源的加入，项目的持续时间可能改变。关键路径法有几个需要你熟悉的术语。

- 最早开始日期（ES）。活动最早可以开始的日期。
- 最早完成日期（EF）。活动最早可以完成的日期。
- 最晚完成日期（LF）。不会引起进度推迟或违反进度约束的前提下，一个活动的最晚完成日期。
- 最晚开始日期（LS）。不会引起进度推迟或违反进度约束的前提下，一个活动的最晚开始日期。
- 总浮动时间。不会引起进度推迟或违反进度约束的前提下，一个活动可以推迟开始的时间。
- 自由浮动时间。不会影响下一个活动最早开始日期的前提下，一个活动可以推迟开始的时间。
- 顺推法。在进度模型中，从项目最早开始日期出发，采用正向推导的方法，计算最早开始和最早完成的日期。
- 逆推法。在进度模型中，从项目最晚完成日期出发，采用逆向推导的方法，计算最晚开始和最晚完成的日期。
- 关键路径。在进度网络中最长的一条路径，决定了项目可能的最短完成时间。

怎样使用它

以下是使用关键路径法制订进度计划的大体步骤：

1. 根据活动之间关系的性质，绘制网络图。
2. 将网络图装盒。
3. 在图中写上活动持续时间。
4. 进行一次正推。
5. 进行一次逆推。
6. 计算浮动时间。
7. 识别关键路径。

这里再对每个步骤进行详细解释。

1. 绘制网络图。这里我们将使用和第 6.6 节紧前绘图法一样的网络图来进行讲解。

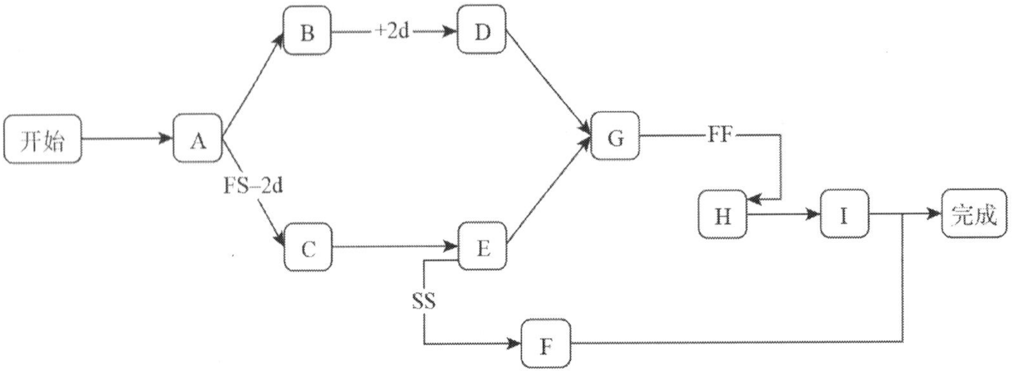

2. 将网络图装盒。将网络图装盒的意思是在网络图上，在每个活动外面画一个盒子，为该活动标注持续时间、最早和最晚开始日期、最早和最晚完成日期，以及总浮动时间。这些可以为正推和逆推做好准备。你可以用任何你喜欢的形式来做到这一点。下面展示了一种表示活动信息的常用的方式。

最早开始	持续时间	最早完成
	活动	
最晚开始	总浮动时间	最晚完成

使用上面的网络图，装盒的网络图看上去是这样的：

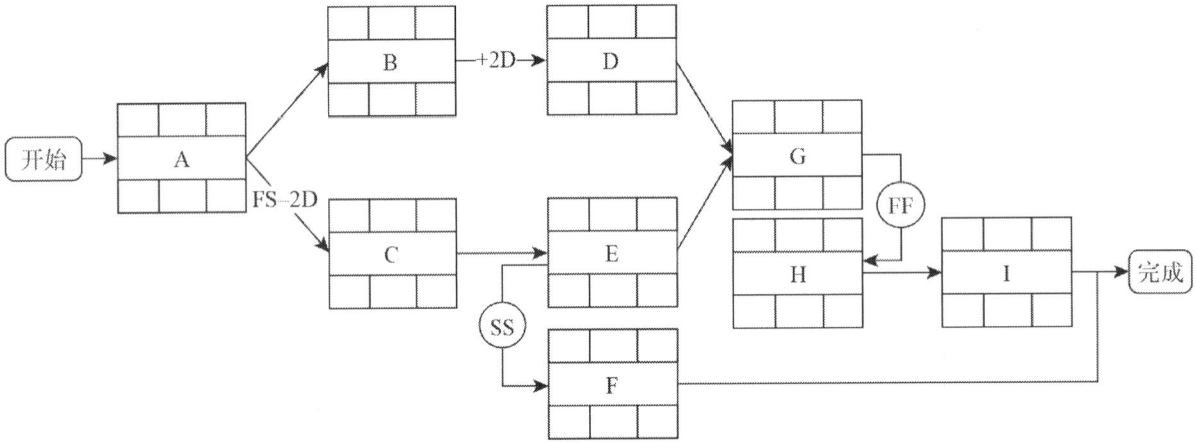

3. 在图中写上活动持续时间。

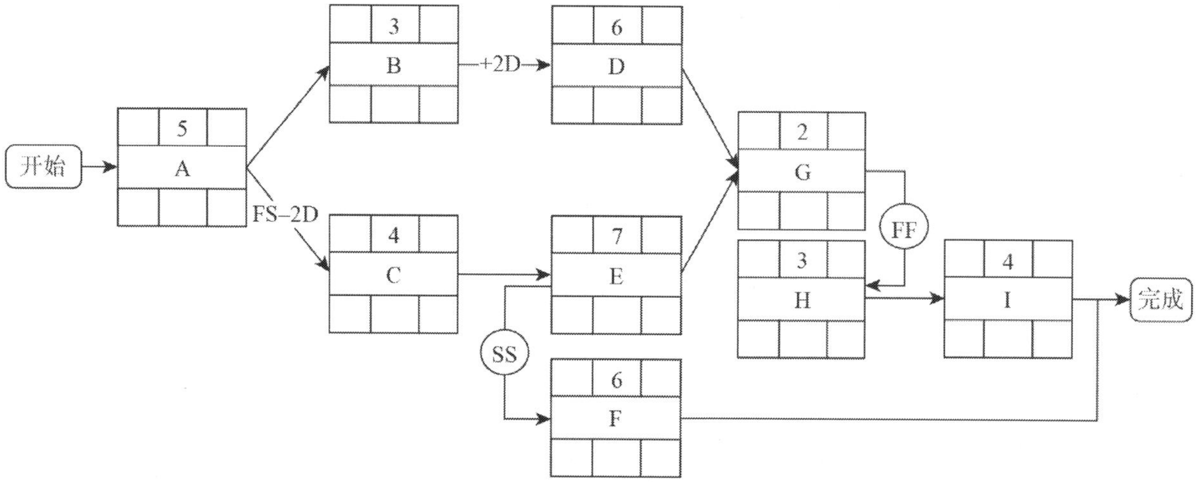

4. 进行一次正推。根据网络逻辑，正推可以得到活动的最早开始和完成日期。以下是进行正推的步骤：

- 将第一个活动或第一批活动的最早开始日期设为 1。
- 将活动的开始时间和活动持续时间相加后再减 1。这就是最早完成日期。在本案例中，活动 A 的开始日期是第 1 天。在这个基础上增加 5 天持续时间再减 1，得到最早完成时间为第 5 天。将最早开始日期加持续时间减 1，是因为项目是从第 1 天开始的，而不是从第 0 天开始的。
- 在刚才得到的最早完成日期上加 1，作为其紧后活动的最早开始日期。注意，进度软件的假设是每个活动从开始日期上午 8 点开始，到完成日期的下午 5 点结束。因此下一个活动的开始时间为下一个工作日的上午 8 点。

  a. 在这个案例中，活动 B 的最早开始日期是 6。然而活动 C 的最早开始日期是 4，因为有一个 2 天的提前量。一般情况下，活动 C 的最早开始日期是 6，但因为 2 天的提前量，你要从 6 里减去 2 天，这样你就得到了最早开始日期为 4。

  b. 继续活动 C，你将 4 天的持续时间加上最早开始日期 4 再减 1，得到最早完成日期为 7。

  c. 回到活动 B，你将 3 天的持续时间加上最早开始日期 6 再减 1，得到最早完成日期为 8。

  d. 活动 B 和 D 之间有 2 天的滞后量，因此活动 D 的开始日期为活动 B 结束后的 2 天，意味着活动 D 的开始日期是第 11 天。

  e. 以此类推直到完成整个网络图。

下图展示了完成正推以后网络图的样子。

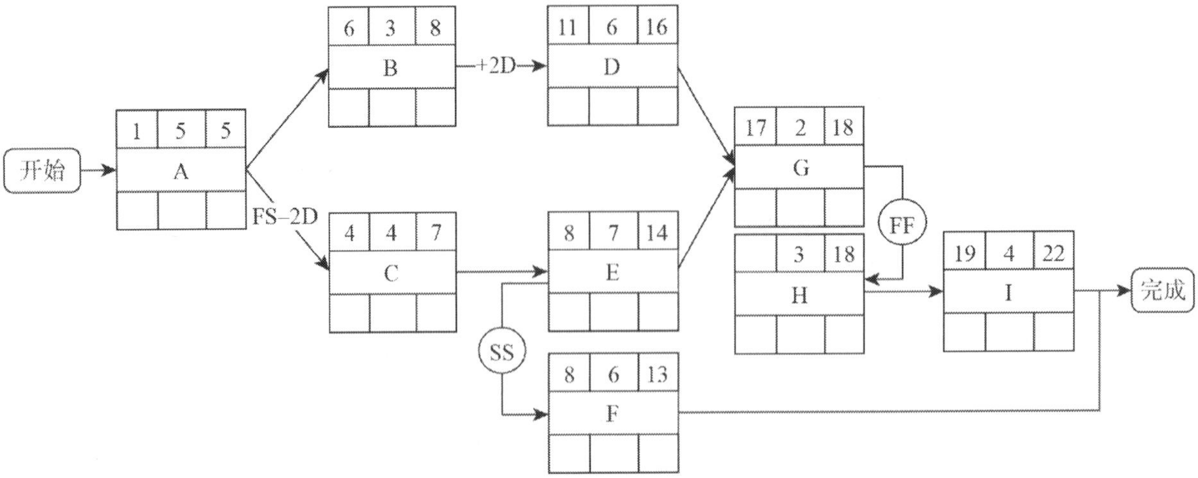

注意看图中那些需要引起关注的地方：

- 活动 F 和活动 E 同时开始。那是因为它们之间存在开始—开始关系。活动 F 在活动 E 开始之后就开始。
- 活动 G 和活动 H 间存在完成—完成关系。这意味着活动 H 要在活动 G 完成后才完成。
- 活动 D 和活动 E 需要在活动 G 开始前都完成。活动 D 的最早完成日期是 16，活动 E 的最早完成日期是 14。在正推中出现合并路径，那么将大的数字往下传。

在完成正推计算后，根据现有的信息，你将会得到路径的最早完成日期。这是项目可以完成的最早日期。在我们的案例中，最早完成日是第 22 天。

5. 进行一次逆推。逆推可以得到在不打破进度约束的条件（如必需的里程碑）或不会产生项目延迟的情况下，活动的最晚开始和完成时间。以下是进行逆推的步骤：

- 使用网络图中最后一个活动的最早完成日期作为该活动的最晚完成日期。因此，最后一个活动的早最早完成日期和最晚完成日期是一致的。在本案例中，同为第 22 天。
- 使用最晚完成日期减活动持续时间加 1 的方式计算项目中最后一个活动的最晚开始日期。因为你是从第 1 天开始项目的，而不是第 0 天，因此需要加 1 来获得正确的日期。在本案例中，22 减 4 加 1，得到最晚开始日期为 19。
- 使用最晚开始日期减 1，作为最后一个活动的所有紧前活动的最晚完成日期。本案例有 2 个最后活动——活动 I 和活动 F。使用较大的数字作为最晚完成日期。活动 I 在第 22 天完成，活动 F 在第 13 天完成，因此，项目的最晚完成日期为第 22 天。
- 就活动 H 来说，紧后活动的最晚开始日期减 1 作为活动 H 的最晚完成日期，在这个案例中就是 18。

下图展示了完成逆推以后网络图的样子。

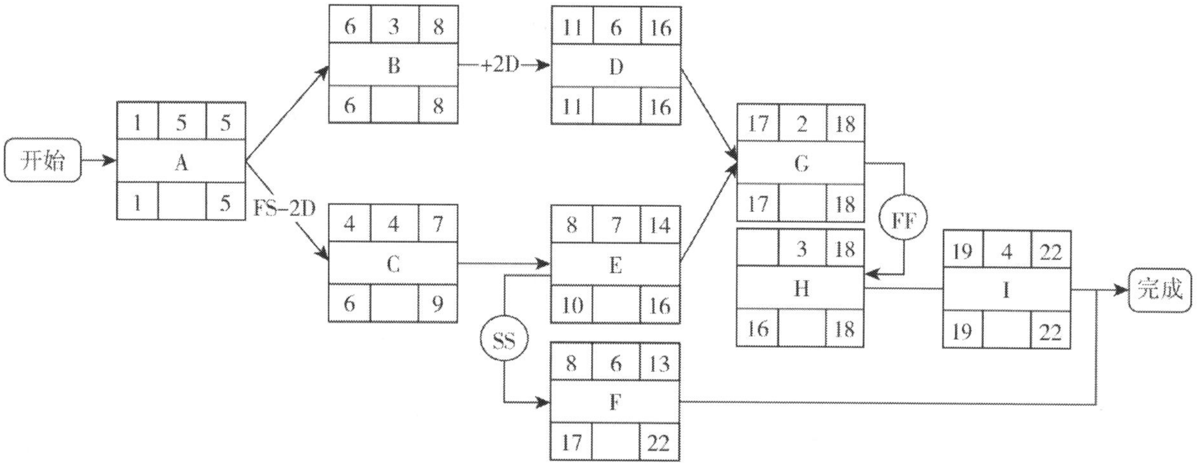

注意以下这些地方：

- 活动 H 没有最早开始日期，但它有最晚开始日期。那是因为在这个案例中，我们不需要担心活动 H 什么时候开始，但我们关心它什么时候可以完成。在现实案例中，你会从活动属性中获得关于该活动更多的信息。那些信息将帮助你了解到活动 H 是否需要在第 16 天开始，或者可以在之前的任何时间开始。
- 活动 D 的最晚开始日期是 11，但它的紧前活动的最晚完成日期不是 10，而是 8，因为两者之间存在一个 2 天的滞后量。你可以把这个滞后量当作一个小的名为“不要进行任何工作”的活动，因而，你可以计算活动 B 的最晚开始是 10 减去 2，就得到活动 B 的最晚开始日期是第 8 天。
- 活动 E 和活动 F 间的关系是开始—开始。表明活动 F 的最晚开始将驱动活动 E 的最晚开始。然而，在这个案例中，活动 G 的最晚开始驱动了活动 E 的最晚完成，然后再倒推得到活动 E 的最晚开始时间。这个案例体现了逆推中的一个重要法则：当你在最晚开始或完成上有两个选择，那么选择数字小的那个。

6. 计算浮动时间。在你计算了最早开始和完成及最晚开始和完成日期后，你可以计算浮动时间了。浮动是最晚完成和最早完成的差值。

对于完成—开始关系而言，最早开始和最晚开始之间的差值及最早结束和最晚结束之间的差值是一样的。

然而，一旦你的网络图中存在开始—开始或完成—完成关系，你需要比较最早开始和最晚开始之间的差值，还要比较最早完成和最晚完成之间的差值，在两个差值中选择数字小的作为浮动时间。

下图展示了计算浮动时间的网络图。

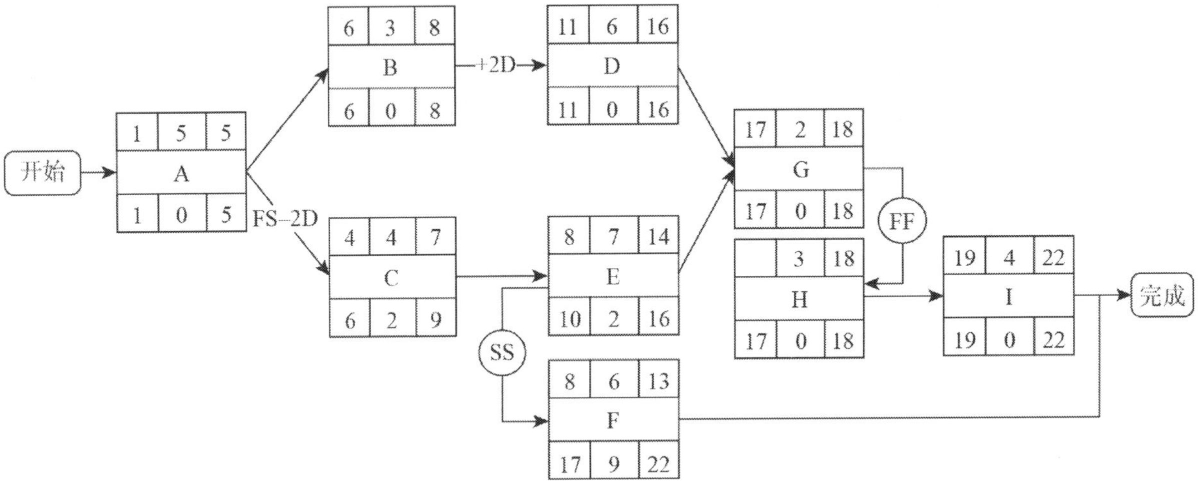

注意以下这些地方：

- 只有活动 C、活动 E 和活动 F 存在浮动时间。其中活动 F 拥有最多的浮动时间 9 天。它可以在活动最早开始日期以后的 9 天内完成而不会导致项目延迟。正如前文所述，要计算出 9 天浮动时间，你需要用最晚完成日期减最早完成日期，或者用最晚开始日期减最早开始日期。活动 C 和活动 E 都有 2 天浮动时间，但是，这个 2 天浮动时间实际上是 2 个活动共享的。一旦活动 C 使用了浮动时间，那么这部分浮动时间活动 E 就不再拥有。如果活动 C 在第 5 天而不是第 4 天开始，那么活动 E 就应该在第 9 天开始，浮动时间就会相应地变为 1 天。
- 活动 E 和活动 F 有一些特殊：它们间存在自由浮动时间。它们是一条路径上最后的活动，因此如果它们开始晚了或完成晚了，只要在它们的浮动范围内，就不会对其他活动产生影响。尽管活动 C 有浮动时间，但如果它开始晚了，那么活动 E 和 F 都会延迟开始。当然如果活动 F 开始晚了，只要它在第 22 天开始就行。
- 如果活动 E 开始晚了，会导致活动 F 也推迟开始；但如果活动 E 完成晚了，只要延迟时间少于 2 天，就没有其他活动会被影响到。因此，那些有自由浮动时间的活动是网络图中具有较多灵活性的活动。你可以推迟它们，将资源重新分配到没有或基本没有浮动时间的活动上（假设资源拥有可用的技能），来保证项目整体的进度绩效。

7. 识别关键路径。最后是识别关键路径。关键路径是浮动时间最少的那条路径。在这个案例中，关键路径是 A-B-D-G-H-I。通常，关键路径是浮动时间为 0 的路径。然而，假设你的项目有一个设定的完成日期，而你计算得到的关键路径产生了负的浮动时间，那就意味着你并不能在目标时间完成项目。在给定的环境条件下，意味着你需要寻找压缩进度的方法，或者去争取一个新的完成日期。

相反，如果你有正的浮动时间，意味着你会有一些空闲时间。在这两种状况下，浮动时间最小的路径就是你的关键路径。

场景：你在修建一个全新的后花园。

这个案例建立在第 6.5 节提前量和滞后量，以及第 6.6 节紧前关系绘图法的基础之上。第一步是将网络图装盒，如下图。

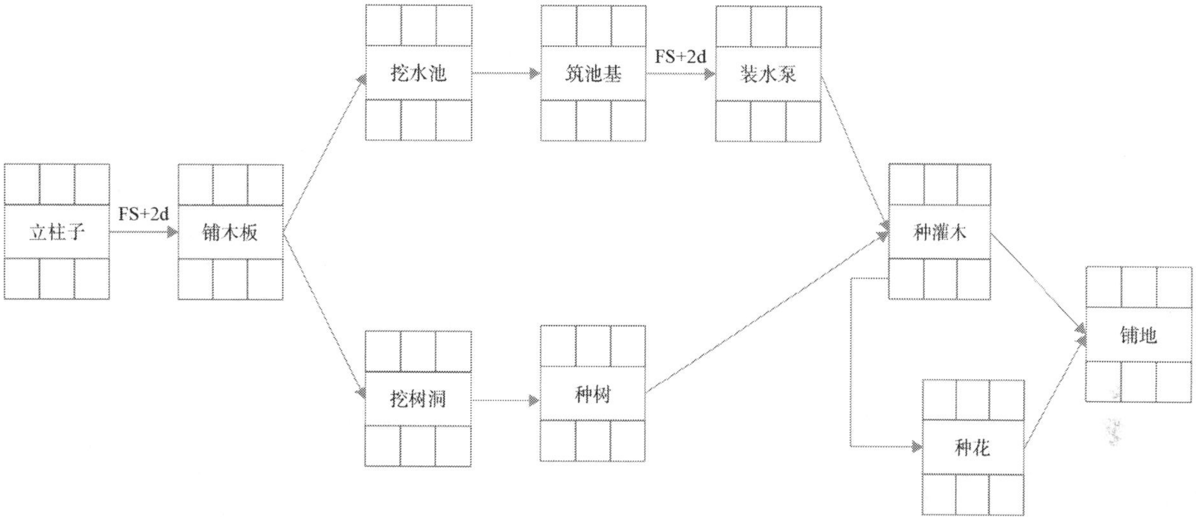

在和景观设计师及这个花园的承包人沟通后，你确定了下列这些活动的持续时间。

立水台柱子	1 天
铺水台木板	3 天
挖水池	2 天
筑池基	1 天
装水泵	1 天
挖树洞	2 天
种树	2 天
种灌木	1 天
种花	1 天
铺地	1 天

你将持续时间假如下面的网络图所示。

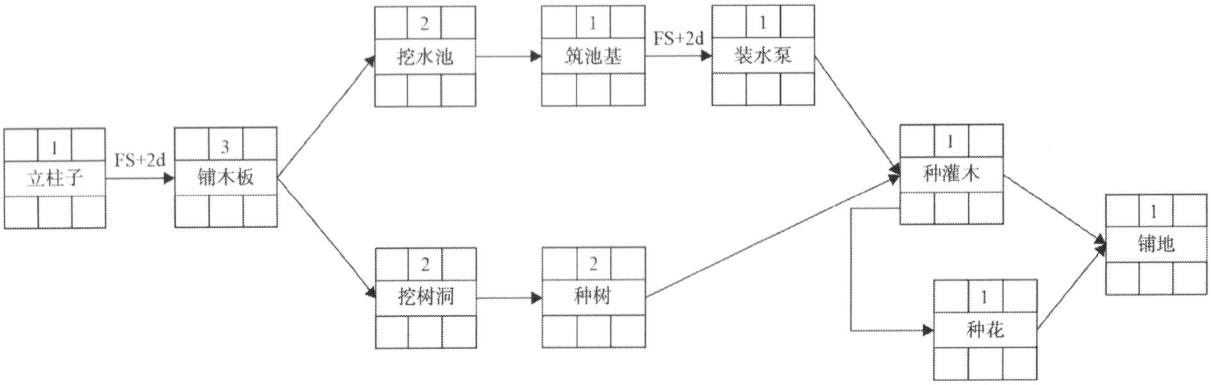

下一步，你进行了一次正推来确定每个活动的最早开始和最早完成日期。下面这个图表明了正推得到的结果。

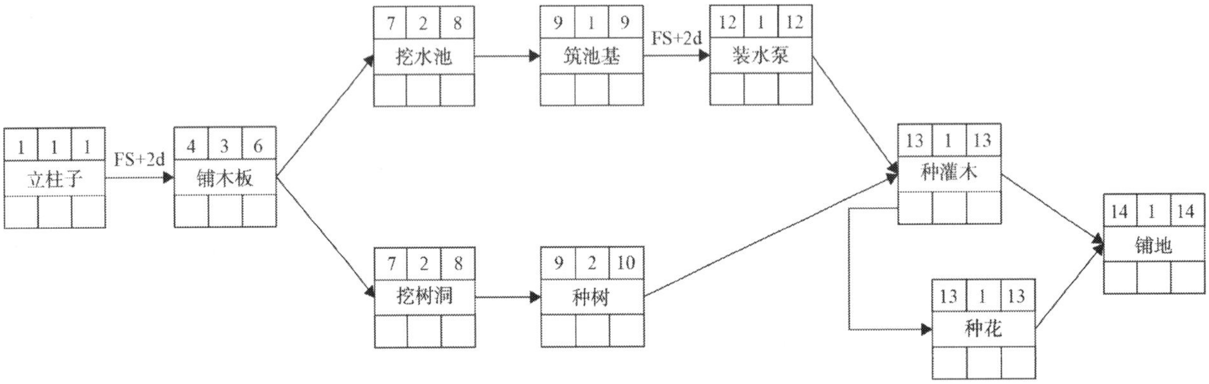

注意一下，2 天的滞后量会对下一个活动的最早开始日期产生影响。

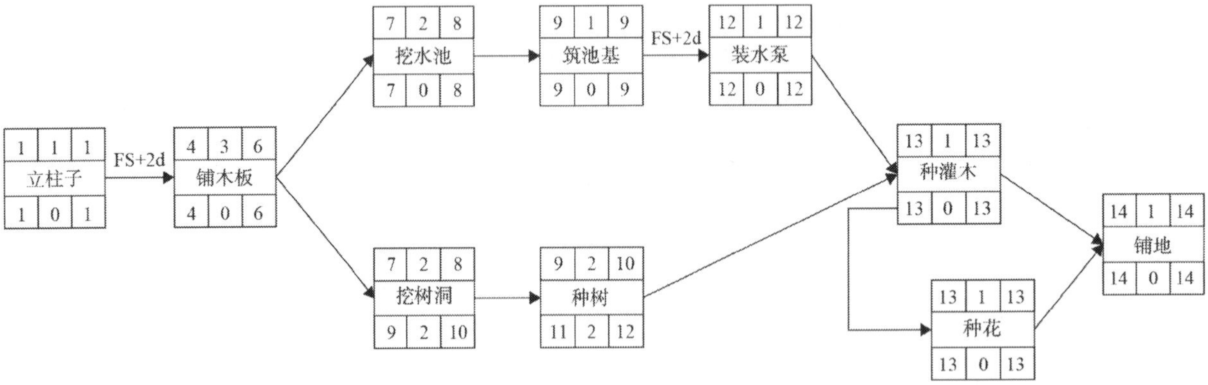

然后，你再进行一次逆推来确定每个活动的最晚开始和完成日期。

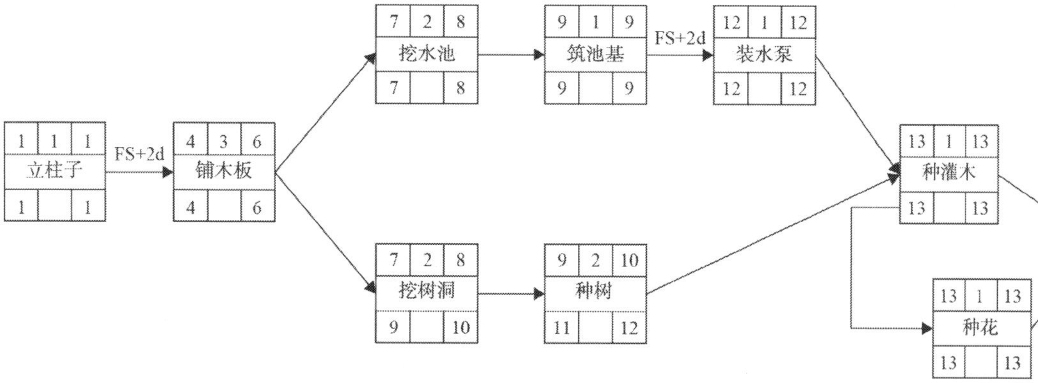

最后一步是计算浮动时间。

只有两个活动有浮动时间：挖树洞和种树。它们都分别有 2 天的浮动时间。这个 2 天浮动时间是两个活动共享的。如果挖树洞的时间多用了 1 天，那么种树的浮动时间就只剩 1 天了。我们把这个称为“属于路径的浮动，但不属于活动的浮动”。

最终得到的关键路径包括以下活动：

- 立水台柱子
- 铺水台木板
- 挖水池
- 筑池基
- 装水泵
- 种灌木
- 种花
- 铺地

补充信息

“+1 天/–1 天”方法在你手工计算时显得有些笨拙。为了方便计算，可以使用第 0 天作为第一个活动的最早开始日期。这样的话，你就不必担心在工作持续时间之外将开始或结束日期加 1 天或减 1 天。但要小心，用“第 0 天”方法和“+1/–1 天”方法算出来的最早开始日期和最晚开始日期是不一样的，但最早和最晚完成日期及浮动时间会是一样的。项目管理协会（PMI）的项目管理专业人士认证（PMP®）考试使用的是“+1 天/–1 天”方法。

《项目管理知识体系指南》（第 6 版）相关章节

6.5 制订进度计划

6.6 控制进度

6.3 资金限制平衡

它是什么

资金限制平衡技术用来平衡工作流和资金可用性。有些组织根据年度预算安排项目。所有已计划的工作必须在财务年度内完成，你也不能进行财务预算内不支持的工作。因此，在你的进度计划和预算定稿之前，你需要确认在资金到位的情况下，你安排了相应的工作，并且能确保这些工作的完成。

怎样使用它

使用以下步骤为指导原则。根据你所在组织的资金限制，裁剪那些步骤。

1. 制作项目进度计划初稿。
2. 为项目工作制作预算初稿。
3. 判断是否存在资金限制，例如，资金在某个时间之前不可用，或者资金必须在某个截止日期前必须使用完毕。
4. 识别工作的时间安排和资金可用时间的不一致问题。
5. 根据资金可用时间重新安排工作。

场景：你被要求满足 Top Dog 项目服务公司发展的需要。

你在 Top Dog 项目服务公司的爱荷达州福尔斯市工作。公司的人员持续增长，现有的办公室已无法容纳所有人。该州正在推动爱荷达福尔斯市的城市重建计划。为了支持高科技公司，该城市正在升级基础设施，包括铺设高速电缆和建立微型基站。为了激励企业将它们的业务搬迁到这个区域，政府提供了税收减免政策，并且降低了许可费用。政府还为那些在园区建造和设计中符合绿色建筑要求的公司提供 25 000 美元的补贴。为了获得这些优惠政策，公司必须在 9 月 5 日之前提交所有的计划和设计文档。此外，建造工程必须在 10 月 1 日之后才能开工，因为市政部门需要在那之前开挖城市道路，铺设新设备。

你的项目发起人是公司的首席运营官。他认为这是一个好机会，可以给社区带来积极影响，并且也能为公司省钱。他让你再看看你的进度计划，找到一些满足政府补贴要求的方案，再来和他讨论。

下面的内容摘自你的进度计划：

	Task Name	持续时间（天）	开始	完成
1	◢ 皇家橡树大楼建造	155.83	Jul 18	Mar 1
2	◢ 项目管理	79	Jul 18	Nov 4
3	◢ 计划和设计	43	Jul 18	Sep 14
4	制订进度计划	5	Jul 18	Jul 22
5	制订预算计划	5	Jul 25	Jul 29
6	生成结构图	25	Aug 1	Sep 2
7	计划和图纸定稿	8	Sep 5	Sep 14
8	◢ 各项许可	34	Sep 19	Nov 4
9	安全地基许可	0	Sep 19	Sep 19
10	安全结构许可	0	Oct 3	Oct 3
11	安全用电许可	0	Oct 21	Oct 21
12	安全用水许可	0	Oct 21	Oct 21
13	安全新风系统许可	0	Oct 21	Oct 21
14	其他安全许可	0	Nov 4	Nov 4
15	◢ 地基	14	Sep 20	Oct 7
16	基坑开挖	12	Sep 20	Oct 5
17	地基加固	1	Oct 6	Oct 6
18	地基检查	1	Oct 7	Oct 7
19	▷ 结构	27.5	Oct 10	Nov 16
35	▷ 设备就位	22.25	Nov 16	Dec 20
43	▷ 干燥	7.75	Dec 20	Jan 6
50	▷ 完成设备安装	9.5	Jan 6	Jan 16
61	▷ 内部完成	23.33	Jan 6	Feb 8
75	冗余	3周	Feb 8	Mar 1

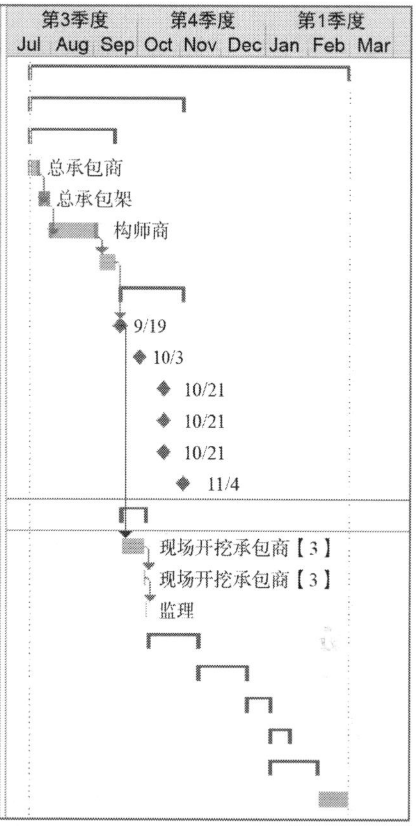

你发现的第一个问题是，按原计划你的进度计划在 9 月 14 日才完成。第二个问题是，你本来计划 9 月 20 日就要开始挖地基。因此，你需要根据政府有关申请补贴的要求，加速你的设计阶段，并且根据基础设施升级要求，推迟你的建造阶段。

在你与你的项目发起人讨论了这些问题以后，你决定将绘图部分和详细设计阶段重叠，而且快速进行，这样才能符合进度和预算的要求。你还将对提早交付进行奖励。如果设计公司可以提早交付计划和设计图的终稿，你将对他们予以 5 000 美元的奖励。

补充信息

在进行联邦项目时，很适合考虑使用资金限制平衡技术（联邦项目特指美国联邦出资的项目。——译者注）。因为联邦项目对于在适合的财政年度完成所资助的工作有非常严格的要求。另有一些联邦项目对可以使用的资金类型也有约束，如资本资金或运营资金。

《项目管理知识体系指南》（第 6 版）相关章节

7.3 制定预算

6.4 检查

它是什么

检查，就是对项目可交付成果或项目结果是否正确做审核，同时也是一种衡量项目可交付成果或项目结果是否可以被客户接受的有效判断方法。在某些情况下，验证和检查同时进行；在另一些情况下，产品或结果是否在技术上符合要求的验证是质量控制过程的一部分内容，因而在产品移交给客户确认之前已经完成检查。

检查的方式主要有 4 种：

1. **测试。**用于那些可以量化的需求和可测量的东西。很容易对大小、重量、速度等进行测试。

2. **审查。**用于那些可以通过目测来核查的需求。当你可以检查可交付成果以确认它是否满足需求时使用这个方法。

3. **分析。**这个方法使用在不能直接用眼睛看发生了什么，但可以从结果推断工作的正确性时使用。

4. **演示。**针对需要执行一个或多个步骤来验证的可交付成果，你可以使用演示的方法。

贯穿整个项目进行验证和确认是一个很好的方法。验证工作的重点是评估产品或解决方案是不是根据规范的需求进行设计和开发的。确认工作主要聚焦于评估是否开发了正确的产品或解决方案。你可以在可交付成果已经完成、阶段性关口或里程碑时进行检查。这样可以降低你完成了产品但客户却说“那根本不是我想要的”的风险。

怎样使用它

因为检查是依据产品所特有的，所以无法准确描述如何检验特定的单个产品。下面对于检查过程进行概要描述。

1. 收集产品验收条件、需求文档、工作说明书、合同、规约或其他含有对可交付成果或目标结果详细描述的标准或文档。

2. 确认最好的能证明或验证可交付成果是否满足条件的方法。通常使用的方法有测试、核查、分析和演示，可根据可交付成果的特性来选择合适的方法。

3. 进行检查、审查或审计。

4. 记录结果。如果可交付成果或结果不符合要求，你需要进行一次根本原因分析（第 2.11 节），改正缺陷或提交变更申请。

场景：你是一个项目经理，该项目要为你所在公司的员工建立一个托儿所。

对一个托儿所来说，你遵循的实践方式是在整个项目过程中，和关键相关方（儿童父母）反复确认目标结果。在项目开始初期，你与孩子们的父母会面，收集他们的需求。在这个过程中，你使用以下方法进行确认：

- 你开发了一个原型（关于原型的更多信息见第 6.8 节）向家长展示托儿所将来会是什么样子的。
- 在蓝图完成时，你向父母们展示蓝图，并且解释设计是如何匹配需求，以达到和原型相一致的。
- 当建筑结构完成时，你带领家长们实地考察一圈，来验证建筑是否和蓝图相一致。
- 当托儿中心最终完工时，你带领家长们进行最后的实地考察，以获得他们对于最终成果的认可与接受。

在整个过程中，你同样验证了一些托儿中心项目特定可交付成果的正确性：

- 通过确认摄像头覆盖了所有需要监控的区域，以及边界被突破时警报器公司是否能收到警报，你可以测试安全系统是否正常运作。
- 你可以检查家具和设备以确保它们是儿童使用的尺寸且是安全的。
- 你可以分析一下注册软件来确认它如承诺的那样运行。
- 你可以通过演示验证安全系统摄像头和运动检测器能在电脑屏幕上的正确位置显示，且能正确覆盖托儿中心。

补充信息

检查有时被称为审计、巡检或审查。很多行业和职业都有它们各自的术语来表达相同的概念。

《项目管理知识体系指南》（第 6 版）相关章节

5.5 确认范围

8.3 控制质量

12.3 控制采购

6.5　提前量和滞后量

它是什么

提前量和滞后量是对网络图的一种修订，进而对项目进度计划进行修正和完善。它们修改了活动之间的关系。提前量缩小了两个活动之间的间隔时间，而滞后量加大了两个活动之间的间隔时间。你可以在任何种类的关系上（完成—开始关系、完成—完成关系等）使用提前量和滞后量。

这里有一些例子。

携带提前量的完成—开始（FS）关系：在完成需求收集工作的 2 周前，我将开始中心的设计工作。

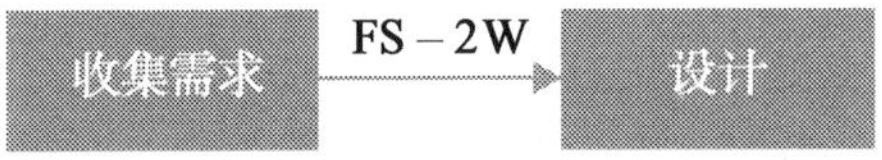

注意提前量是用减号（–）表示的。

携带滞后量的完成—完成（FF）关系：我将在完成书写用户指南文字部分的 5 天后完成编辑工作。

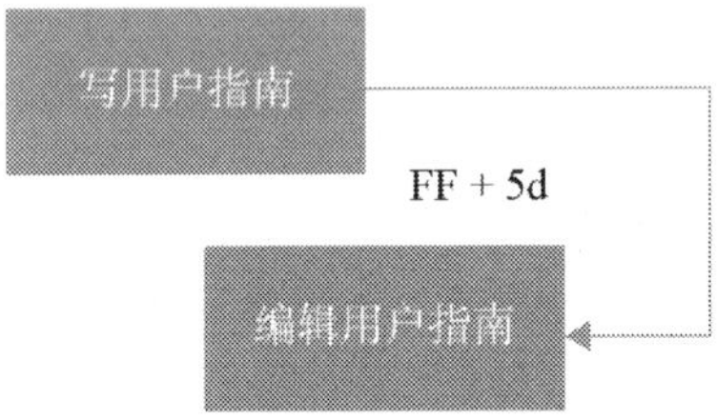

注意滞后量是用加号（+）表示的。这意味着“完成用户手册的编辑”依赖“用户手册书写”的完成。如果书写的完成时间延后了，那么编辑的完成时间将顺延。

携带滞后量的开始—开始（SS）关系：紧前活动必须在紧后活动开始前开始。举个例子：我必须在开始写测试答案之前先开始写测试题目。

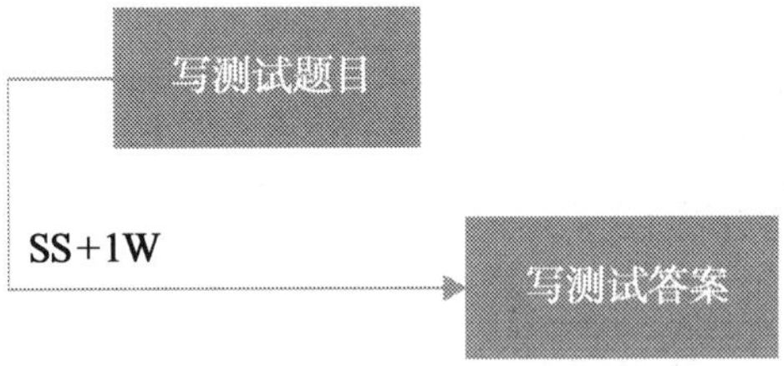

上图表明你会在写完测试题：1 周以后再写测试答案。你并不需要在开始写测试答案前完成测试题目的所有工作。如果你推迟开始测试题目的写作，那么也会推迟写测试答案的工作。

时间单位经常用以下方式缩写：

- M——月
- W——周
- d——日

怎样使用它

下面的步骤描述了如何使用提前量和滞后量手工绘制紧前关系图。你可以在进度软件中进行同样的工作。进度软件使用本节和第 6.6 节紧前绘图法中涉及的缩写。

1. 分析你的网络图，寻找那些可以通过增加提前量或滞后量来修改的活动之间的关系，让尽可能多的活动并行起来。

   a. 哪些地方的完成—开始关系可以使用提前量来加速？

   b. 哪些地方的完成—开始关系可以使用带滞后量的开始—开始关系来替代？

2. 一旦你修改了活动间的依赖关系，引入了提前量和滞后量，就需要再次检查网络图，看看你是否因为修改了活动流而带来了风险。活动间有太多的并行会增加风险。

下面的网络图示例和紧前关系绘图法章节中的示例是同一个，区别在于这个网络图使用了提前量和滞后量。在活动 A 和活动 C 之间有提前量，活动 B 和活动 D 之间有滞后量。

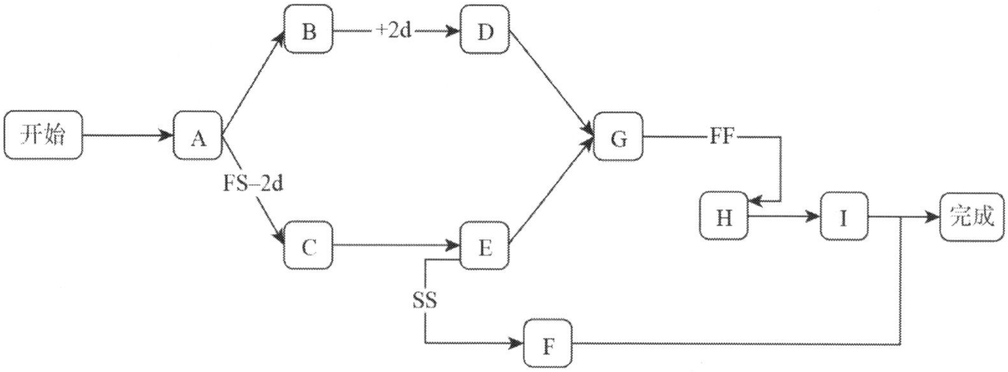

场景：你在修建一个全新的后花园。

你重新查看了你修建后花园的网络图初稿，发现你没有给水台柱子的凝固和水池地基的修整留任何时间，所以你在这两个活动上都增加了 2 天滞后量。

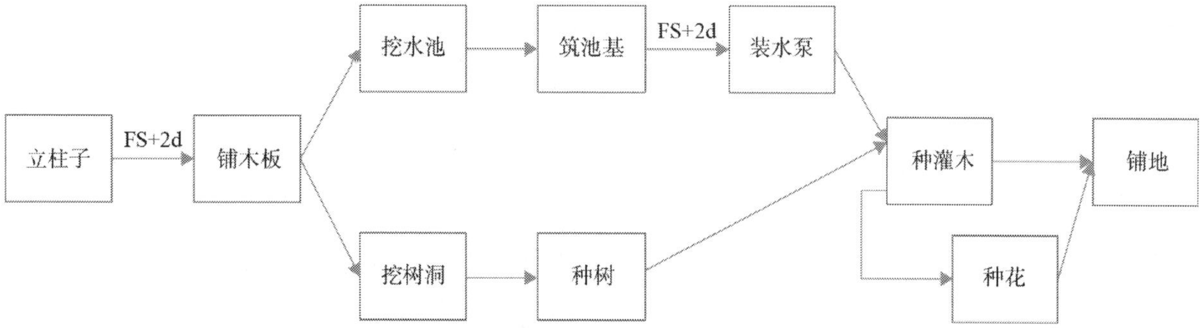

补充信息

当你对活动间的关系进行修改，使用并行活动替代通常的串行活动，你实际上就是在进行“进度压缩”，这种方法称为“快速跟进”，第 6.11 节将有对进度压缩技术的介绍。

《项目管理知识体系指南》（第 6 版）相关章节

6.3 排列活动顺序

6.5 制订进度计划

6.6 控制进度

6.6 紧前关系绘图法

它是什么

紧前关系绘图法是将活动根据逻辑关系绘制成网络图时的首选技术方法。网络图是制订进度计划中非常关键的一个环节。在紧前关系绘图法中，每个活动都用一个方框表示，用箭头与其他方框连接，表示活动的开展顺序。方框，在进度术语中被称为节点。

紧前关系绘图法中使用 4 种关系：

完成—开始关系（FS）。这是最常见的一种关系。紧前活动必须在紧后活动开始前完成。例如，我必须在开始设计前完成收集需求的工作。

完成—完成关系（FF）。紧前活动必须完成后紧后活动才能完成。一个情景示例是：我不得不在用户指南写作完成之后才能完成编辑工作。

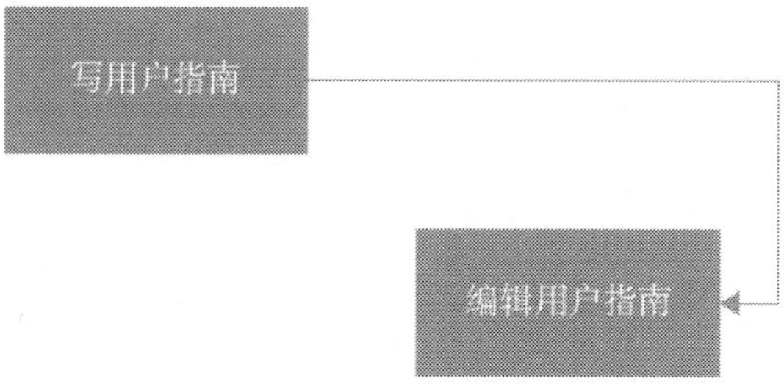

开始—开始关系（SS）。紧前活动必须在紧后活动开始前开始。例如，我需要在开始写测试答案之前开始写测试题目。

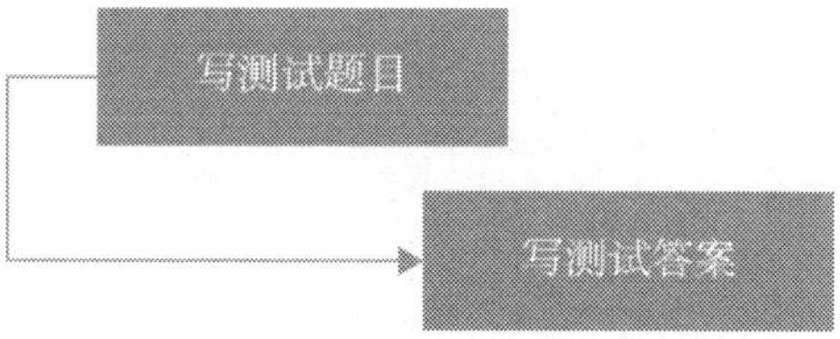

开始—完成关系（SF）。这是最少用的一种关系。你不会经常看到这种关系，但是为了完整性，还是要介绍这种关系。紧后活动必须在紧前活动完成之前开始。想象一下这个情景：一个新的账户系统必须先能正常运行，才能关闭老系统。

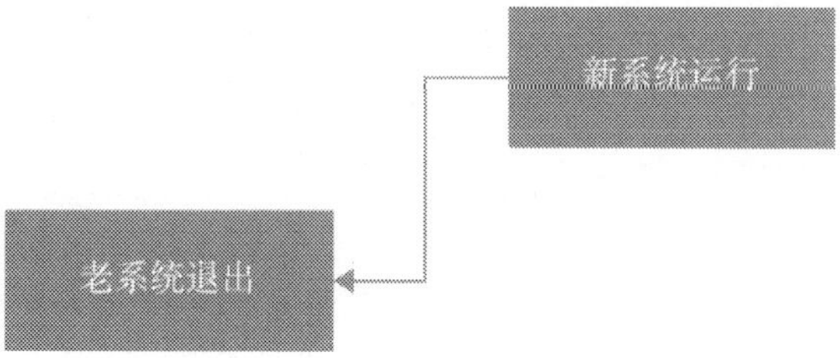

4 种关系通常使用以下缩写：

- FS——完成—开始关系
- FF——完成—完成关系
- SS——开始—开始关系
- SF——开始—完成关系

怎样使用它

下面是手工绘制紧前关系图的步骤。你可以在进度软件中进行同样步骤的操作。进度软件使用的缩写如前述。

1. 从一张活动清单开始。
2. 建立开始节点。
3. 识别第一个或第一批活动。
4. 将第一个活动放在开始节点之后。
5. 识别接下来的活动，并将它放在第一个活动之后。
6. 以此类推，直到将所有活动都放在紧前关系图（网络图）中。
7. 检查这个关系图是否已经是最优方案，或者一些关系可能需要改变（例如，一些完成—开始关系可能是开始—开始关系）。

下面是一个用紧前关系绘图法制作的网络图。注意，活动 E 和活动 F 之间存在开始—开始关系，活动 G 和活动 H 之间存在完成—完成关系。

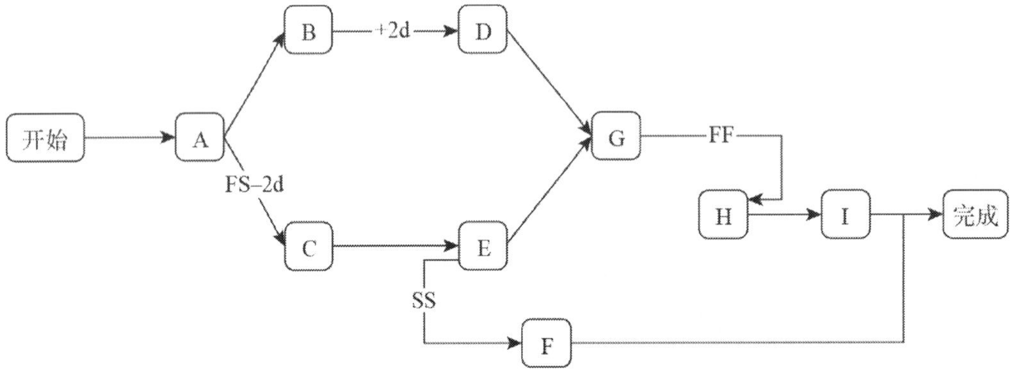

场景：你在修建一个全新的后花园。

要把你对修建新后花园的想法从一个计划变成现实，你识别出了以下活动：

1. 立水台柱子
2. 铺水台木板
3. 挖水池

4. 筑池基
5. 装水泵
6. 挖树洞
7. 种树
8. 种灌木
9. 种花
10. 铺地

看完要做的工作，以及资源限制（你只有 2 个工人），你决定先从水台开始，然后挖水池和种树同步进行。这些都结束后，你将边种灌木边种花，最后以铺地结束。你制作了如下网络图：

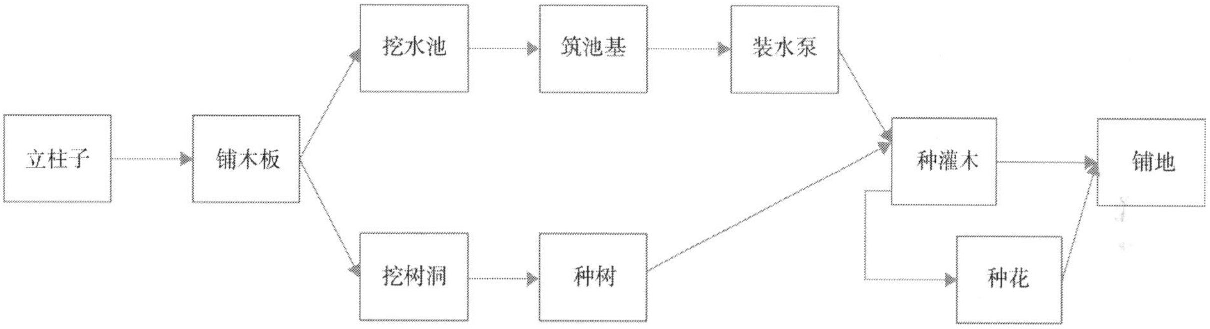

补充信息

一个可行的进度计划通常有 80%～90%的活动是完成—开始关系。

在开始制作高层次进度总览图时，你可以使用便利贴，这样你就可以试验不同的工作路径和可交付成果。一旦你对高层次活动路径的正确性有了信心，你就可以将这些内容输入软件，让软件协助生成网络关系图。

很多时候，之前列举的几种关系是由于工作的性质决定的，但有些关系更为自由，还有一些关系是依赖外部约束条件的。依赖关系的性质影响了项目进度的灵活性。以下是几种不同类型的依赖关系：

强制的。由相关工作性质决定的，或者由合同、规则、法律等约束条件决定的。你不能对还没开发出来的东西进行测试。例如，基础电力工作（在一定范围内接电线）必须在精细电工前完成（如安装吊灯、开关或插座等）。

选择性的。这些关系是由最佳实践或资源可用性决定的。一个最佳实践的例子是："我推荐在设计解决方案前收集所有的需求，但你可以在需求尚未完成和冻结时进行一些设计工作。"这种关系就是选择性的，可以根据自己的选择决定。

外部的。建立在外部人或事之上的依赖关系。需要许可、等待供应商交付，或者需要另一个项目的可交付成果等都是外部依赖的例子。

内部的。对项目内部事物的依赖关系。这可能是由于资源可用性，或者对工作顺序的偏好决定的。如果一个资源被安排完成两个同时进行的工作，那么决定先做哪个工作就是内部依赖。

你可以看到强制的和外部的依赖关系是你制订项目进度计划的约束条件。自由的和内部的依赖关系则让你在进度计划上有灵活性。当然，你仍然可以通过使用第 6.5 节描述的提前量和滞后量的方式来调整强制的依赖关系。

《项目管理知识体系指南》（第 6 版）相关章节

6.3 排列活动顺序

6.7　提示清单

它是什么

提示清单是对风险的类型进行的高度概括。用它来确保在识别项目总体风险及项目事件风险时，能考虑到所有方面。提示清单不是枚举风险，而关注不同的风险类型使得识别风险的工作能强有力且具有完整性。

不同的行业和职业有不同的提示清单。举例来说，一个航天器公司的风险类型和一家环境保洁公司的风险类型一定不一样。下述通用清单可以进一步根据你的项目进行裁剪或补充。

- 技术革新
- 法律、合规和监管
- 质量
- 需求
- 合同策略
- 外包商
- 政治
- 环境
- 相关方
- 团队资源
- 物质资源
- 稳定性
- 技术难度
- 进度
- 预算
- 估算
- 假设和约束
- 外部事件
- 模糊性
- 不确定性
- 易变性
- 社会

这其中的一些类型更加适合整体风险，如易变性、模糊性和不确定性。另一些类型更适合事件风险，如团队资源、相关方、进度和预算。

怎样使用它

提示清单通常在风险管理会议中使用，可以在识别风险的头脑风暴中提供帮助。

1. 如果你的组织有提示清单，那么就从它开始吧。如果没有的话，你可以使用上述内容，根据你项目或组织的需要来裁剪。

2. 让与会者在参会之前先熟读提示清单，以熟悉这些类型。

3. 询问与会者是否有他们认为需要增加入这个清单的类型。

4. 根据提示清单逐条询问“在这个类型中会发生_______的风险事件或状况”（针对每个提示填空）。

   a. 一些提示更针对项目整体风险而不是单个事件风险。这时问题可以调整为“和__________相关的项目整体风险会是什么”

5. 在会议的最后，根据会上达成的共识修改提示清单。使用以下步骤为指导原则。根据你的环境，裁剪那些必要的步骤。

场景：你被要求满足 Top Dog 项目服务公司发展的需要。

你为 Top Dog 项目服务公司西雅图办事处工作。办事处有两个项目来适应公司发展的需要：扩大在家办公项目的范围，租借新的办公场地。召开会议前，你制定了两个提示清单，因为虽然一些风险类型是一样的，但是两个项目有更多不一样的内容。

会议的前半部分主要讨论和在家办公项目相关的风险。你发布了下面这个提示清单：

- 法律、合规和监管要求
- 需求
- 经验
- 假设和约束
- 不确定性

你指出“不确定性”是指整体风险。你询问是否有人建议增加要讨论的类型。团队的业务分析师指出，公司目前并没有任何和在家办公相关的流程，因而她认为这是一个全新的风险类型。你认同了这个观点，并且在提示清单中增加“过程”类型。

团队花了一小时对风险进行头脑风暴，以制定了一个可行的风险登记册草稿为结束。

经过一个短暂的休息，你召回所有人，让大家将关注点聚焦到与新办公场地相关的风险类型上。你的提示清单包括以下类型：

- 法律、合规和监管
- 需求
- 外包人员
- 假设和约束
- 估算
- 进度
- 预算

团队认同这个清单，他们用了 90 分钟来对风险进行头脑风暴，并且编制了一个风险登记册。会后你更新了提示清单，确保加入了“过程”这个类型，下次再使用时就不会遗漏了。

补充信息

如果你的组织没有一份正式的提示清单，那么可以从工作分解结构（WBS）或风险分解结构（RBS）的最低层开始。

《项目管理知识体系指南》（第 6 版）相关章节

11.2 识别风险

6.8 原型法

它是什么

原型法是最终产品或过程的一个模型。通常在项目早期用制作原型的方式让相关方对最终产品获得视觉观感的机会。根据已知需求制作原型，可以让相关方能直观地看到最终产品的样子，在花费大量时间、精力和成本前帮助获取相关方对需求和交付物的反馈。原型的例子有：

模拟。仿真有时也被称为视效原型。经常在制作物理原型前用 CAD 或 CAE 等软件进行制作。你可以对组件或整个产品建模。模拟是能让相关方了解他们提出的需求和期望的相对最低成本的方法。

三维微缩模型。在建造类项目中经常使用，可以让相关方和客户通过实物模型看到设计方案，并对每个部分的相对大小和尺寸有直观的了解。

故事板。故事板是将产品或结果的例子或中间过程画在一起，经常被使用在软件开发、计算机游戏、电影和一些商业房产项目中。

怎样使用它

由于原型是根据产品特制的，因此无法非常精确地描述一个原型的制作过程。以下描述提供了一个概要的制作流程。

1. 一旦你有了一系列需求，需要决定最适合用哪个方法制作原型，是模拟、建模型还是故事板。
2. 制作原型。
3. 向相关方展示原型并记录他们的反馈。

- 获取更具体的需求和期望的解释。
- 识别需求的任何变更。
- 对相关方不喜欢的地方进行修改。

4. 重复这个过程直到你对相关方的需求和需要有了清楚的认识。

场景：你是一个项目经理，该项目要为你所在公司的员工建立一个托儿所。

托儿所有 300 平方米的场地需要建设。你的相关方识别出的对这个托儿所的部分需求如下：

- 一个内部接送点
- 一个艺术区域
- 一个音乐区域
- 一个阅读区域
- 一个室内游玩区域

- 一个进餐区域
- 一个食物准备区域
- 一个小睡区域及安静的时间段
- 游乐设施
- 室外跑步或群体游戏区域

在你开始规划蓝图前，你想要从儿童的父母们那里得到他们的诉求的更多反馈。你决定设置一个样板间，放置一些原型，让家长们可以来参观并讨论。你使用以下原型方法来收集更多详细需求。

故事板。针对室外场地你画了几张图，表现了不同的游玩设施和游玩区域的不同配置。

模拟。你使用 CAD 进行了几款内部布局的设计。

根据从样板间收集到的反馈，你修改了设计，形成了一个模型。在你着手进行蓝图绘制之前，你将这个模型带到与家长们召开的另一个会议上，获取他们最后的反馈。

补充信息

原型法可以用来作为一种检查工具（见第 6.4 节），在整个项目中协助验证。

《项目管理知识体系指南》（第 6 版）相关章节

5.2 收集需求

6.9 资源优化

它是什么

资源优化是在识别了初始关键路径后进行的（第 6.2 节阐述了关键路径法）。此时，你将资源加载到进度工具中。通常，你会发现一个或多个资源被过度分配。例如，你可能安排了一个资源在同一个时间满负荷工作在多个活动上。另一个例子是，如果你有一个资源工作时间受限制（每周 10 小时），但你为他安排了超过限制时间的工作。有时，你可以通过使用浮动时间来优化进度计划，解决资源调度问题，而不影响最终交付日期。然而，减少浮动时间，会增加关键路径或接近关键路径上活动的数量。其他时候你会发现进度完成日期被推迟了，由于资源的可用性，你得到了一条新的关键路径。

资源优化会对开始和完成日期进行调整，使得项目能更好地使用资源。有两种方法可以优化资源配置：资源平衡和资源平滑。

资源平衡通过调整活动开始和完成日期，不再过度分配资源。资源平衡经常会推迟项目的完成日期。例如，Sarah 被安排在 3 月 1 日到 3 月 5 日那周，同时执行活动 A 和活动 B，并且两个活动都需要 5 个全天的投入。资源平衡会推迟活动 B 的开始时间，即 3 月 8 日开始，3 月 12 日结束。

另一个选择是找到一个和 Sarah 技能类似的可用资源。如果那个资源在 3 月 1 日到 5 日有空闲，那么可以将两项工作平衡安排给这两个资源。

另一个资源平衡的目的是消减资源使用上的波峰和波谷。资源平衡会寻找让一个资源每周工作 25 个小时的方法，来替代第一周工作 40 小时、第二周工作 10 小时的安排。

资源平滑和资源平衡类似，但它旨在浮动时间内调整活动，因而它不会改变关键路径。资源平滑主要通过推迟一些工作或活动来实现。这个方法会降低进度计划的灵活性，尤其在进度落后时，但它是一种在成本上更为有效的管理和利用资源的方法。在某些情况下，资源仍然可能被过度分配。

怎样使用它

使用以下步骤为指导原则。根据你的环境，裁剪那些步骤。

1. 对你的进度计划进行评估，查看是否存在资源过度分配的地方。大部分进度软件允许你查看资源状况，并在资源过载处有提示。

2. 判断资源过度分配是否出现在关键路径上，或其工作的一些活动是否具有浮动时间。

- 如果是在关键路径上的活动，你或者需要延长进度计划，或者需要引入新的有同样能力的资源。
- 如果活动有浮动时间，资源也有空闲时间，将工作推迟到资源不过度分配的时间，或推迟到不能再推，再推就变成新的关键路径的时候。

3. 尝试使用不均衡的工作模式，看看是否存在一种方法来达到资源平衡。

场景：为帮助雇员获得行业认证，开发一个时长为 8 小时的内部培训视频。

你正在制作视频内容。有几个资源协助你工作。其中一个资源 Lynne 负责两个模块。目前的进度计划安排她同时进行两个模块的工作。

		周一	周二	周三	周四	周五
模块 1	Lynne	8	8	8	8	8
模块 2	Lynne			8	8	8

你采取了资源平衡的方法，让 Lynne 一个时间只进行一个模块的工作，但整体进度延迟了 3 天。

		周一	周二	周三	周四	周五	周一	周二	周三
模块 1	Lynne	8	8	8	8	8			
模块 2	Lynne						8	8	8

你有另一个资源 Ethan，他的进度看上去毫无规律可言。

		第 1 周					第 2 周				
		周一	周二	周三	周四	周五	周一	周二	周三	周四	周五
模块 3	Ethan	8	8	2	2	8					
模块 4	Ethan						8	8	2		

你采取了资源平滑的方法，让他有一个更一致的工作节奏。

		第 1 周					第 2 周				
		周一	周二	周三	周四	周五	周一	周二	周三	周四	周五
模块 3	Ethan	6	6	6	6	6					
模块 4	Ethan						6	6	4		

补充信息

在没有禁止加班的规定或政策情况下，短时间内（不超过两周）加班是可以接受的一个选择。如果你的确要求人们加班，注意，可能涉及加班费用问题。一旦你要求人们每周工作超过 50 小时或每周工作超过 6 天，他们的生产率会下降。因此，你需要确保你用最少的加班时间，保证获得最大的利益。

如果你正在寻求在多个资源间平衡工作，请确保他们具备完成该工作的技能。不能仅仅因为某人有空，就认为他有必要的能力完成目标工作。

如果你引入额外的资源，确保你考虑了他们需要获得关于项目内容，以及完成工作需要的流程的培训。有时，把一个新人带入团队，其较慢的工作节奏可能推翻你原来的想法。

《项目管理知识体系指南》（第 6 版）相关章节

6.5 制订进度计划

6.6 控制进度

6.10　滚动式规划

它是什么

滚动式规划是渐进明细的一种方式，当你在对最近的未来（最长可达 90 天）计划工作时，可以将工作设置在一个比较粗略的状态。这并不意味着你不知道或不理解工作范围，也不意味着你没有安排交付计划或没有进行成本预算，而意味着你将可交付成果细化到活动，并且将资源分配到你可能需要它们的时间。

制订一个详尽的进度计划和成本预算是十分耗费时间的。在项目进行的过程中，很多事情都会变化。在项目开始初期，项目的很多方面并不清晰。花时间去细致地安排未来 6 个、9 个、12 个月的工作通常不是一个高效的方法。然而，要保持对一个进度计划的更新，使之能同时反映过去的及临近未来的情况。随着时间的推移，增加、补充已知内容。

怎样使用它

使用以下步骤为指导原则。根据你的项目，裁剪那些步骤。

1. 从你的工作分解结构开始进行计划。根据项目的大小，你应该对第 2 级或第 3 级的项目可交付成果（仍然是粗略的）有一定的概念。
2. 将近期的目标可交付成果分解为更细的下一层。
3. 如果没有的话，把这些信息转化为一个进度计划。
4. 将工作分解为活动，分配资源，为每个活动设置开始和完成日期。
5. 在整个项目中重复这个过程，在信息可用时更新更多细节。

场景：你是一个项目经理，该项目要为你所在公司的员工建立一个托儿所。

在托儿所项目开始前你的 WBS 是这样的：

托儿所

1. 需求
    - 1.1　课程
    - 1.2　改进
    - 1.3　游戏
    - 1.4　运营
2. 计划
    - 2.1　内部
    - 2.2　室外

2.3 运营

3. 修建

3.1 内部

3.2 室外

4. 运营准备

4.1 员工

4.2 食物服务

4.3 课程

4.4 管理

5. 项目管理

5.1 启动

5.2 组织

5.3 管理

5.4 收尾

你在进行室外修建工作（WBS 上的 3.2）前的大约 90 天，将更多细节填入这项工作。这部分的 WBS 会变成这样的：

3.2 室外

3.2.1 设计

3.2.2 景观

3.2.2.1 树

3.2.2.2 植物

3.2.3 设备

3.2.3.1 滑梯

3.2.3.2 猴架

3.2.3.3 秋千

3.2.3.4 沙坑

3.2.3.5 水池

在开始工作的 60 天前，设备部分（WBS 上的 3.2.3）看上去是这样的：

3.2.3 设备

3.2.3.1 滑梯

3.2.3.1.1 确定需求

3.2.3.1.2 进行市场调查

3.2.3.1.3 下单订购滑梯

3.2.3.1.4 配送滑梯

3.2.3.1.5 安装滑梯

> 这个例子展示的是在工作越来越近时，填入更多细节，但是范围没有扩大。

补充信息

你可以根据你的项目设定最合适的滚动周期。对于一个 6 个月的项目来说，你可以用 2 个月作为周期。对于一个将持续 3 年的项目来说，你可以规划未来 4~6 个月的工作。当你准备开始进入项目生命周期的一个新阶段时，对现有的进度和预算进行细化更新是很好的主意。

《项目管理知识体系指南》（第 6 版）相关章节

6.2　定义活动

6.11 进度压缩

它是什么

进度压缩是指在不缩减项目范围的前提下，缩短或加快进度工期。进度压缩的两种主要类型是赶工和快速跟进。

赶工

赶工寻求成本与进度的折中。换句话说，就是通过增加更多资源、让资源工作更长时间或花更多的钱等手段寻求让进度工期缩短的可能性。目的是花最少的钱获得进度的最大压缩。达到这个目标通常的做法有：

1. **引入更多资源。**有时候增加人手或增加设备可以加快工作进度。请注意，有时候增加人手实际上反而会延长项目持续时间，因为相比加入资源节省的时间，团队协作、团队沟通、冲突处理可能花费更多时间。

2. **加班。**许多时候可以比预定的每天工作时间长或在周末也工作。但是，这个方法只在一两周内有效。时间长了，人们会精疲力竭，生产率会下降，所以这个方法只是一个短期修复法。同时你还需要考虑工会或劳动法规的相关限制。

3. **支付加急费用。**可以有连夜运送、外包方提早交付就给其发奖金等方法。

赶工通常会增加成本，因此需要在成本和提早交付之间进行权衡。底线是用最小的成本代价来获得最大的进度工期压缩。

快速跟进

快速跟进是通过将正常情况下按顺序进行的活动改为并行开展来压缩进度的方法。可以将任务的全部或部分进行压缩。一种可能改变网络图的方法是引入提前量和滞后量（见第 6.5 节）。例如，你可以将一个完成—开始关系改为带有提前量的完成—开始关系，这将让紧后活动在紧前活动完成之前开始。你同样也可以将这个关系改为带滞后量的开始—开始关系，或者完成—完成关系。

快速跟进的另一种方式是将时间长的任务分为几个小部分，各小部分并行工作。例如，如果你在为一个新产品编写用户手册，写用户手册是一个长时间的任务，之后编辑用户手册也是个长时间的任务。你可以将它们分章节并待工作。一个资源在写第二章的文字时，另一个资源可以对第一章进行编辑。

在你进行快速跟进之前，先确保你正确理解了活动之间的真正关系。不然，你最终只会获得没有意义、不能执行的进度计划。

案例

这里有一个案例，包括 3 周 5 个活动。下面的计划展示每天工作 8 小时的进度安排。

	第 1 周					第 2 周					第 3 周				
	周一	周二	周三	周四	周五	周一	周二	周三	周四	周五	周一	周二	周三	周四	周五
活动 A	8	8	8	8	8										
活动 B						8	8	8							
活动 C									8	8					
活动 D											8	8	8	8	
活动 E															8

下面是使用快速跟进的方法进行调整后的计划。

	第 1 周					第 2 周					第 3 周				
	周一	周二	周三	周四	周五	周一	周二	周三	周四	周五	周一	周二	周三	周四	周五
活动 A	8	8	8	8	8										
活动 B				8	8	8									
活动 C						8	8								
活动 D								8	8	8	8				
活动 E											8				

- 活动 A 和活动 B 的关系从完成—开始关系变为带提前量的完成—开始关系。
- 活动 C 和活动 D 的关系从完成—开始关系变为带提前量的完成—开始关系。
- 活动 D 和活动 E 的关系从完成—开始关系变为带提前量的完成—完成关系。

下面是使用压缩方法进行调整后的计划。

	第 1 周					第 2 周					第 3 周				
	周一	周二	周三	周四	周五	周一	周二	周三	周四	周五	周一	周二	周三	周四	周五
活动 A	10	10	10	10											
活动 B					8	8	8								
活动 C								16							
活动 D									16	16					
活动 E											8				

- 活动 A 每天加班 2 小时，使得原本用 5 天完成的工作改为 4 天完成。
- 活动 C 使用 2 个资源，替代原计划的 1 个资源。
- 活动 D 使用 2 个资源，替代原计划的 1 个资源。

怎样使用它

需要进行进度压缩时，可以从关键路径开始。如果你使用了进度软件，可以利用从最小的到最大的浮动时间来缩短活动时间。这将有助于将注意力集中在可以压缩的活动上，或者从项目的延迟中恢复，或者在进度计划中建立一些缓冲（应急储备）。如果你看到一些活动带有负浮动时间，这是你落后于关键路径的一个指标。

赶工

1. 识别浮动为 0 或负数的活动。
- 如果存在一些活动，你可以为它们添加相同单价的资源，那么赶工不会给项目成本带来变化。举例来说，如果你有一个活动需要一个资源工作 40 小时完成，但 2 个资源进行就只要 20 小时，你仍然只需要支付 40 小时的工时费用，但工作完成得更快。
- 关注那些需要等待交付的活动。如果你用可承受的成本来提早交付时间，那么你的进度持续时间就会缩短。
- 评估加班成本。如果能只在有限的一段时间内加班，那么在加班上支付的额外成本可能可以和进度的提前相匹配。
2. 从对关键路径上的活动进行赶工开始，可以用最小的成本最快地赶上进度。
3. 如果需要进一步赶工，那么找到花费最少成本可以最快地赶上进度活动。
4. 以此类推，直到你达到了进度目标，或者在可接受的成本前提下，不能再对任何活动进行赶工了。

快速跟进

1. 寻找使用不同资源，而且可以并行的活动。可以将这些活动并行进行，而且不会引起资源问题。
2. 确定是否可以完全并行这些活动，或需要将它们调整为：
- 带提前量的完成—开始关系。
- 带滞后量的完成—完成关系。
- 带滞后量的开始—开始关系。
- 带提前量或滞后量的其他任何依赖关系。
3. 以此类推，直到你达到了进度目标，或者在可接受风险的前提下，不能再进行任何快速跟进。

4. 检查你的进度计划，确认活动并行带来的风险是否是可以接受的，确认你是否需要采取其他行动来降低风险。

场景：你被要求满足 Top Dog 项目服务公司发展的需要。

你在为爱达荷福尔斯市的 Top Dog 项目服务公司工作。作为市区重建计划的一部分，你正在改建一座旧的市中心建筑。这座城市正在升级基础设施，许多街道将被开挖。你计划在 9 月 20 日开始进行旧建筑的内部拆除工作。但是，因为市政基础设施升级项目，11 月 1 日以后你才能进入该建筑。你想要节约一些时间，以便尽早把大楼准备好让大家搬入。下面这些是你可能的选项：

1. 你可以通过引入其他木匠、电工、管道工、采暖和通风技工或油漆工来减少项目的持续时间。增加更多的资源甚至可以不增加项目成本，因为增加工人可以缩短工作持续时间。

2. 你还可以要求那些资源多工作一些时间（取决于是否有工会的限制）。加班费通常是单价的 1.5 倍，所以这个选项可能增加成本。

3. 你原计划中绘制蓝图活动和木工、电工、管道工和暖通工作之间是完成—开始关系。你决定将电工、水管工和暖通活动改为并行进行，而不是顺序进行。

4. 你可以调整完成—开始关系的水管铺设工作为带提前量的完成—开始关系。只要浴室的所有管道铺设完成，就可以开始砌砖，不需要等到厨房或其他外部区域的管道铺设完成。

5. 你可以在粗木工工作后使用带滞后量的完成—完成关系来安排门窗安装工作。

补充信息

你只能在关键路径上赶工。花钱缩短非关键路径是没有用的，因为这样做并不会加速交付。你不能对任何活动都进行赶工。例如，你不能花钱让 2 个检察员做同一个入住许可检查，你也不能用付费的方式让他们加快工作。

快速跟进可能增加风险，并且对项目的质量产生影响，甚至可能要返工。

《项目管理知识体系指南》（第 6 版）相关章节

6.5 制订进度计划

6.6 控制进度

附录

案例场景

Case Study Scenarios

本书中介绍的每种技术都配合了一个如何应用该技术的案例。仅提供一个可以让所有技术都能应用的案例是不可行的。因此，我设计了 8 个不同的案例，以使得每种技术都可以用得上。由于读者有不同的背景，我尽量避免描述过多的细节和解释。即使有建筑项目和 IT 项目的案例，它们也不是那么具体，所以你并非一定要身处那个行业才能理解项目中正在发生的事情。

下面根据这些案例在本书中出现的顺序，将所有案例呈现在这里。

改进信息技术服务台

你的组织每个季度都会对内部支持服务部门做一次员工满意度调查。内部支持服务部门包括人力资源、信息技术、法律和安全部门。

在过去的几个季度中,IT 部门的满意度一直在下降。首席运营官希望你识别是什么导致了满意度下降,怎样做可以改善这个状况。

场景：你的项目是帮助通过电话提供支持的信息技术服务台改进客户满意度。

开发内部网站

在过去的 5 年中，你所在的组织已经从 100 人增长到 500 多人的规模。为了适应公司的发展，你必须建立并发布新的系统、工作流程和相关政策。新聘用的员工习惯于向现有员工学习，然而现在似乎没有人知道什么才是最新的信息。这个情况导致有关公司的信息每周都在改变，令人很难适应公司的发展。

公司每月召开部门会议，以维持友好的工作环境。这些会议成为目前人们了解新政策和新工作流程的渠道。然而，由于官僚主义和一些规则作祟，这些会议往往低效可笑。

IT 经理建议开发一个内部网站，用来存放所有政策、流程、过程和工作流。她说，还可以用内部网站进行新闻发布、表彰、部门信息更新、通告和其他信息共享。这个想法得到了广泛的接受，你被指派为这个项目的项目经理。

场景：你管理了一个为公司开发新网站的项目。

建立托儿所

你所在的组织的雇员大多是有孩子的年轻父母。雇员中有 40%低于 35 岁，他们的孩子大都处在蹒跚学步和学龄前的年龄。公司的 3 项核心价值观是：

1. 工作与生活平衡。
2. 重视员工价值。
3. 创造一个支持性的工作环境。

高级管理层决定将部分公司利润在公司内部进行再投资，在公司内建立一个托儿所。管理层相信，除了与公司价值观相符外，这还将提高员工满意度和稳定度，并且减少因照顾孩子而造成的工作时间的损失。

该项目包括识别需求、管理场地建造（该工作将进行外包）、确保有足够的室内和室外活动选择，并且在整个项目过程中与相关方保持密切联系。

场景：你是一个项目经理，该项目要为你所在公司的员工建立一个托儿所。

满足公司发展的需要

Top Dog 项目服务公司是一家在全国拥有多个办事处的公司，这些年的增长保持在 5% ~ 10%。伴随着这样的增长速度，有几个办公室的办公空间已经不够用了。你的项目是要与总部及每个办事处合作，识别各种备选方案，以满足公司未来 5 年不断增长的对办公空间的需求。

你已和各办事处总监进行了会晤，识别出以下需要最为迫切：

- 爱达荷福尔斯。爱达荷福尔斯办事处正在考虑将其办公室搬到市中心一个正要进行旧城改造的区域。早期参与的公司会获得一些额外福利，但同样存在一些风险。市政部门要求保持现有的砖建筑外立面，使得市中心这个区域保持传统景观。
- 南加州。南加州办事处正在推动进行一个在家办公的试验项目，将来可以推广到其他办事处。
- 西雅图。西雅图办事处计划将办公室搬迁到另一个办公大楼去。他们也想采用在家办公项目作为他们在市场上保持竞争力的必要手段。
- 宾夕法尼亚。宾夕法尼亚办公室的租约将在 8 个月后到期，他们计划在一个新的商业区租借并装修一个办公楼。

场景：你被要求满足 Top Dog 项目服务公司发展的需要。

制作内部培训视频

你的组织希望支持员工在他们的工作领域获得专业认证。人力资源部已经对员工进行了问卷调查，了解他们对于获取认证的意愿。在问卷反馈的基础上，你的组织期望在未来 4 年中，有 150 名雇员可以获得相应的认证。

你的组织已有 50 名雇员参与并通过了考试。他们中的一些人主动提出可以为了帮助其他人通过考试而准备相应的材料。这个主意得到了好评。然而，管理层担心这些雇员会在培训别人上花费太多时间，因而影响他们自己的工作。

你的市场总监提到她曾与一家视频公司合作过，它的主要业务就是制作公司内部培训产品。它可以用它的人员，或者你们公司的雇员来录制视频。高级管理层决定使用已经通过考试的内部员工作为主题专家来制作并录制培训视频。公司要求你进行调查，比较使用视频公司和用内部员工制作视频两种方案的成本。一旦做出决定，你将成为该项目的项目经理。

场景：为帮助雇员获得行业认证，开发一个时长为 8 小时的内部培训视频

升级项目管理办公室

你为一个项目管理咨询机构工作。你的组织已经决定将目前项目管理办公室信息系统基础设施及所有系统、云计算、协同站点、实时报表软件等进行升级。

项目的预期是将这个平台上的所有功能以月租费的方式在市场上推广使用。目前公司有 12 500 名项目管理服务的订阅者。将花费一年的时间进行这个升级项目，所以直到第二年，这个项目才能产生收入。

场景：你的组织正在升级现有的项目管理办公室信息系统的基础架构，包括所有的新软件、云计算、协同站点、实时报表软件等。

建造双松医疗大厦

在过去的 10 年中，双松市的城市人口从 1.2 万人增长到 6 万人。最近的医院和医疗设施在 40 公里之外。在一次罕见的合作行动中，城市、乡村和州共同成立了一个债券和税务供应链，目的是建造一个叫双松医疗大厦的新现代医疗资源中心。双松医疗大厦将包括：

- 医院
- 拥有各种家庭护理医生和专家的医疗中心
- 急救中心
- 辅助生活社区
- 拥有各项功能的中心，例如：
  - 体重管理中心
  - 戒烟中心
  - 戒瘾中心
  - 营养中心
  - 健身项目

以下是根据高层次划分的工作分解结构。

双松医疗大厦

1 方案开发
  1.1 方案分析
  1.2 概念工程
2 审查
  2.1 环境影响
  2.2 交通分析
  2.3 噪声评估
3 设计
  3.1 初步设计
  3.2 获得许可
  3.3 完成设计的 60%
  3.4 完成设计的 90%
4 建设
  4.1 破土
  4.2 地基
  4.3 钢结构
  4.4 外部护围
  4.5 内部框架
  4.6 工种
    4.6.1 电
    4.6.2 水
    4.6.3 采暖和通风
    4.6.4 气
    4.6.5 报警装置
    4.6.6 电话
    4.6.7 光缆
  4.7 完工
5 设备
  5.1 急救设备
  5.2 外科设备
  5.3 心脏科设备
  5.4 神经科设备
  5.5 冠心病重症监护设备
  5.6 重症监护设备
6 人员配备
  6.1 行政人员
  6.2 急救人员
  6.3 外科手术人员
  6.4 专家
  6.5 技师
  6.6 护士
  6.7 支持人员
  6.8 IT 人员
  6.9 业务办公室

场景：建造双松医疗大厦——一个新的现代医疗资源中心。

修建后花园

在说了多年之后，你终于决定修建一个新的后花园。你将把现在被栅栏围起来的草坪改造成一个美丽、宁静的区域，在那里你可以烧烤、打理花园、坐在室外放松身心。你画了一个新的蓝图，包括一个新的平台，一个池塘，一些果树、灌木、花，地面重新铺设。

场景：你在修建一个全新的后花园。